老龄化背景下
劳动力就业的代际影响研究

Research on Intergenerational Impact of
Labor Employment under the Background of Aging

撒凯悦 著

中国财经出版传媒集团
经济科学出版社
Economic Science Press

图书在版编目（CIP）数据

老龄化背景下劳动力就业的代际影响研究/撒凯悦著.
—北京：经济科学出版社，2020.6
ISBN 978 – 7 – 5218 – 1402 – 6

Ⅰ.①老… Ⅱ.①撒… Ⅲ.①劳动就业 – 研究
Ⅳ.①F241.4

中国版本图书馆 CIP 数据核字（2020）第 046681 号

责任编辑：陈赫男
责任校对：隗立娜
责任印制：李　鹏

老龄化背景下劳动力就业的代际影响研究
撒凯悦　著
经济科学出版社出版、发行　新华书店经销
社址：北京市海淀区阜成路甲 28 号　邮编：100142
总编部电话：010 – 88191217　发行部电话：010 – 88191522
网址：www.esp.com.cn
电子邮箱：esp@esp.com.cn
天猫网店：经济科学出版社旗舰店
网址：http://jjkxcbs.tmall.com
北京季蜂印刷有限公司印装
710×1000　16 开　13 印张　200000 字
2020 年 6 月第 1 版　2020 年 6 月第 1 次印刷
ISBN 978 – 7 – 5218 – 1402 – 6　定价：52.00 元
(图书出现印装问题，本社负责调换。电话：010 – 88191510)
(版权所有　侵权必究　打击盗版　举报热线：010 – 88191661
　QQ：2242791300　营销中心电话：010 – 88191537
　电子邮箱：dbts@esp.com.cn)

前　　言

随着人口结构的转变，提升老年人的劳动参与率成为老龄化社会难以绕过的理论命题：一方面，整个社会老年抚养比的快速升高，使国家面临的社会保障的财政压力越来越严峻，延迟退休年龄的政策需求日益迫切；另一方面，根据国际劳工组织（ILO）的资料发现，积极老龄化的提出让老年人日益被视为经济发展的潜在贡献力量，本书称之为"年长劳动力"，他们仍具有通过就业改善自身和社会状况的能力，应该被纳入就业政策的各个层面。年轻和年长劳动力都是劳动力市场中的弱势群体，年轻劳动力还是结构性失业压力的主要承担者。当前我国人口红利逐渐消退，劳动力市场从二元结构向新古典型加快过渡。2012年以来，我国的人口政策和人力资源政策发生了重要转变：一是延迟退休政策很可能将于2022年开始实施，这将直接延长年长劳动力的在业时间；二是"全面二孩"政策正式落地，"二孩"政策短期来看将会减少育龄妇女的劳动参与率，长期来看将会有更多的年轻人进入劳动力市场。在这样的政策背景下，年长劳动力劳动参与的增加很可能挤出年轻人的就业机会，并进一步加剧年轻人失业和就业不足问题。年轻劳动力的就业从来都是公共政策所关注问题的重中之重，且在我国年龄越高的劳动者平均受教育水平越低，老龄化背景下更需要依靠高人力资本禀赋的年轻人来驱动经济增长。因此，厘清劳动力就业的代际影响效应及其背后的机制，是理解老龄化背景下群体间就业矛盾的新常态，弱化延迟退休政策负效应的基础。

鉴于劳动力就业的代际影响在人口老龄化社会中的重要研究价值，本书从三个视角即就业的分类与分层、就业的主观意愿、影响就业的主要因素出发探究了年长劳动力和年轻劳动力在劳动参与中的相似性和差异性，并分别基于对中观层面和微观层面的研究框架的重新梳理，深入讨论了劳动力就业代际影响的劳动力市场机制和家庭代际转移机制。此外，本书还进一步考察了年长劳动力就业对年轻劳动力工资水平的影响。本书最终探索出老龄化背景下促进年轻和年长劳动力包容性就业的公共政策方向。其中，各部分主要内容安排如下。

第1章绪论，通过宏观数据对全球和中国的人口老龄化态势进行了概述，并基于国际上关注人口老龄化经济学问题的学术研究梳理、近5年来我国人口和人力资源公共政策的重要转变，引出本书要讨论的问题。进一步地，本章从现阶段我国的劳动力供求关系、年长劳动力的就业形势等角度出发，分析了老龄化背景下探究劳动力就业代际影响情况的必要性，并就本书的研究思路、研究内容、研究方法、创新点、研究展望等做了简要说明。

第2章对国内外对相关问题的研究进行了比较全面的梳理和总结，并基于拓展的世代交叠模型（over lapping generation models，OLG）提出劳动力就业代际影响关系的三个基本研究假设。对文献的综述中，首先，从劳动供给意愿、劳动供给途径、就业的影响三个方面对老龄化背景下年长劳动力的劳动供给的研究进行了回顾。其次，对年轻劳动力就业的影响因素的研究进行了宏观和微观因素的分类归纳。再次，根据研究结论的不同，梳理了从宏观层面研究劳动力就业代际影响的文献，并分析了研究结论差异较大的原因。最后，本章研究从微观家庭角度对劳动力就业代际影响的文献进行了回顾，发现在老龄化的相关研究中越来越重视微观家庭主体的作用；对我国年长和年轻劳动力就业特征的比较研究较少；缺乏对劳动力就业代际影响机制的系统分析。在系统分析了世代交叠模型应用的主要研究领域的基础上，将代际转移因素引入世代交叠模型，并进一步为探究我国劳动力就业代际影响的各种效应，提出了三个基本研究假设。

第3章将年长与年轻两类劳动力群体的就业特征进行了对比研究。首先，将国内外对年轻、年长劳动力主流的划分标准进行了回顾，包括经济合作与发展组织（Organization for Economic Co-operation and Development，OECD）数据库和以不同年龄组劳动力就业为研究对象的国内外研究。其次，对比分析了男性和女性在生命周期中劳动参与的变化。再次，从就业的分类与分层特征方面、就业择业的主观偏好层面考察了年轻和年长劳动力之间的同质性和异质性。最后，从个体特征、家庭特征和地区特征三个层面，考察了影响年轻和年长劳动力就业和劳动收入水平的因素。

第4章分析了劳动力就业代际影响的劳动力市场机制。本章使用OECD的时间序列数据和最新截面数据对年长和年轻劳动力就业的关系进行直观的统计分析，结果发现年长劳动力就业和年轻劳动力就业的关系可能是双向的。随后，分别从竞争机制和促进机制两个作用方向，对年长劳动力就业对年轻劳动力就业可能的影响路径进行了理论分析，其中，竞争机制包括岗位占用效应和就业延迟效应，促进机制包括消费拉动、投资拉动和工作搜寻三种机制。进一步地，分别使用行业和地区层面的数据，并借鉴拜伦和肯尼（Baron & Kenny）的中介作用模型，对竞争和促进两个方向的五种机制进行了实证研究。

第5章分析了劳动力就业代际影响的家庭代际转移机制。本章从经济理论出发对家庭代际财务转移和家庭代际非财务转移机制进行了系统阐述。并使用微观家庭数据对父母就业影响子女就业的家庭代际转移机制进行了实证检验。结果发现，父母就业将有利于子女进入劳动力市场，说明在家庭中劳动力就业的代际促进作用大于挤出效应。此外，由于父母就业可能不仅影响子女就业的参与决策，也影响子女就业的参与质量。本章进一步检验了父母就业通过家庭代际转移机制对子女工资水平的影响，结果并没有发现父母就业会对子女工资水平产生负向冲击的证据。

第6章对本书的主要结论进行了归纳总结，基于此，从教育、就业服务、退休政策、社会保障、代际文化建设等角度，挖掘可行的促进两类劳动力包容性就业的公共政策方向。

本书研究拟尝试实现的创新点主要体现在：（1）在探究劳动力就业代际影响的劳动力市场机制时，尝试从供给侧的响应机制角度分析年长劳动力就业是否会引起年轻劳动力"就业延迟"，以丰富现有最新的相关文献。（2）通过家庭代际转移这一特殊机制的分析，将代际财务转移纳入主体研究框架，并且分析个人发展路径在就业代际影响机制中的可能性，以此拓展非财务转移的内涵，为劳动力就业代际影响的研究提供新的实证证据。(3) 研究揭示年长劳动力就业增加对年轻劳动力就业和工资水平的影响及其作用机制，为老龄化社会中不同群体间的就业和谐、延迟退休政策的就业效应提供新的理论解释。

本书研究中重新审视了劳动力就业的代际影响问题，并重点关注年长劳动力就业对年轻劳动力就业的影响机制。主要结论包含五个方面，概述如下：

一是在就业特征上，年轻和年长劳动力的互补性大于替代性。从就业的分类与分层特征来看，二者的人力资本同质性不高，互补性较强，主要表现在不同世代间受教育水平的显著差异上，在行业、职业、管理活动、单位类型、工作方式和就业地区等方面也表现出一定的世代差异。从就业择业的主观偏好特征来看，年轻和年长劳动力对工作回报、创业、"工资—闲暇"、主动转换工作的偏好差异较大，年长劳动者对就业的主观偏好类型为"保障和稳定"，年轻劳动力的偏好类型为"变动和挑战"。

二是影响年轻和年长劳动力两个群体就业的主要因素同质性也较低。本书考察了个人、家庭和地区三个层面的特征因素后，发现在影响就业的主要因素方面，年轻和年长劳动力存在较大差异。首先，人力资本禀赋对就业的影响，年轻劳动力就业受其教育水平影响较大，而年长劳动力则更多地受其身体健康状况的影响。其次，受教育水平对年长劳动者是否就业的影响小于年轻劳动力，但对年长劳动者工资水平的影响却大于年轻劳动力。最后，同一个变量对两类劳动力群体就业的影响也不同，比如非农业户口和城市中的年轻劳动力就业概率更大，年长劳动力就业概率更小，而有配偶的年轻劳动力就业的概率更大，年长者是否就业受婚配情况的影响却并不显著。

三是通过劳动力市场机制，年长劳动力就业对年轻劳动力就业产生的影响是双向的。在行业层面，年长劳动力就业率提高在短期内对年轻劳动力就业所造成的岗位占用效应还是切实存在的。因此，如果提高年长劳动力就业率，短期内将对年轻劳动力就业产生岗位占用效应。而在地区层面上来看，年长劳动力就业增加直接增加适龄劳动人口密度，由戴蒙德－莫滕森－皮萨里季斯模型（Diamond－Mortensen－Pissarides model，DMP 模型）可知将降低企业的劳动力搜寻成本，增加企业的岗位供给意愿，从而促进年轻劳动力就业。鉴于上述结论，年长劳动力就业增加在一部分行业和岗位上会对年轻劳动力就业产生影响，但是这种负效应是有限的。

四是从家庭代际就业决策来看，父代就业有利于子代就业。这一效应主要通过两种途径来实现：其一，如果父母工作，较高的收入用来购买商品或专业化的服务，直接用于隔代照料或使父母有更多的时间用于隔代抚育，子女特别是女性的抚幼负担减轻，其就业的可能性就会增加；其二，停留在工作岗位上有助于个人发展，父母一方面可以利用自身的经济社会资源来为子女求职服务，另一方面通过职业价值观来影响子女积极求职和多元化就业。且父母就业不仅影响子女就业的参与决策，对子女的工资水平也有一定的正向作用，没有发现父母就业会对子女工资水平产生负向冲击的证据。

五是家庭代际转移机制可以为年长和年轻劳动力就业的关系提供重要的解释。无论从参与决策还是参与质量上看，家庭财务转移机制对年轻人就业的影响十分显著：其一，父母向子女提供经济帮助将会对子女就业产生负向的"信号"作用，子女的就业动机由于经济压力减小而减弱，且接受父母经济帮助的子女工资水平较低；其二，向父母提供物质赡养的年轻人就业概率更高、工资率也更高，很重要的原因就是养老压力对其就业取得收入产生了较强的刺激作用；其三，随着社会竞争的加剧和人力资本投资意识的增强，家庭对子女教育投资开支巨大，因此未成年子女数量越多，年轻夫妇就业的概率越高。家庭代际非财务转移方面，父母的隔代照料促进子女就业，但由于其本身的家庭照料责任较重，因而工资水平并不高。而对父母的照料虽然不是其进行就业决策时主要考虑的因素，但却会对其工资水平产生负效应。父母的个人发展如经济社会地位和职业价值观等对子女就业的影响更多地体现为"门槛效应"，提高子女的就业概率但对其工资水平的影响甚微。

PREFACE

With the dramatic changes in the demographic structure, labor participation rate of the elderly has become a theoretical proposition that the aging society can't bypass. On the one hand, the old-age dependency ratio of the whole society has risen rapidly, and the financial pressure on the social security facing the country is increasing. The requirements for policy of delaying retirement age are becoming more and more urgent. On the other hand, according to the International Labor Organization (ILO), the introduction of active aging makes the elderly increasingly regarded as a potential contributor to economic development. "Elderly laborers" who still have the ability to improve themselves and their social status through employment should be included in all aspects of employment policy. Young and old laborers are both disadvantaged groups in the labor market. Young laborers are also the main bearers of structural unemployment pressure. At present, China's demographic dividend has gradually subsided and the labor market has accelerated from a dual structure to a neoclassical. Since 2012, China's population policy and human resources policy have undergone important changes: First, the delayed retirement policy is likely to be implemented in 2022, which will directly extend the working years of the elderly labor force. "Two-child policy" will reduce the labor participation rate of women of childbearing age in the short term and more young people will enter the labor market in the long run. In such a policy context, the increase in labor participation in the elderly labor force is likely to squeeze out employment opportunities for young people further exacerbate youth unemployment and underemployment. The employment of young laborers has always been the top priority of public policy issues. Therefore, clarifying the intergenerational effects of labor employment and the mechanisms is the basis for understanding the new normal of employment conflicts between groups in the context of aging and weakening the negative effects of delayed retirement policies.

In view of the important research value of the intergenerational impact of labor employment in the aging society, this book explores the labor force and young from three perspectives that are classification and stratification of employment, the subjective willingness of employment and the main factors affecting employment. Based on the re-combination of the research frameworks, this book discusses in depth the labor market mechanism and intergenerational transfer mechanism of the intergenerational impact of labor employment. In addition, the impact of the employment of the elderly labor force on the wage level of the young labor force was further examined. This book ultimately explores the direction of public policy to promote inclusive employment of young and older workers in an ageing context, among which the main contents of each part are arranged as follows:

The first chapter summarizes the global and China's population aging situation through macro data, which based on the international academic research focusing on the economics of population aging. The transformation leads to the issues to be discussed in this study. Further, from the perspective of the current supply and demand relationship of labor force and the employment situation of the elderly labor force, we analyze the necessity of exploring the intergenerational impact of labor employment in the context of aging. The paper briefly introduces the research ideas and research prospects.

In the second chapter, we have comprehensively combed and summarized the research on related issues at home and abroad, we proposed three basic research hypotheses of the intergenerational influence relationship of labor employment based on the extended generation overlapping model. In the review of the literature, firstly, from the three aspects of labor supply willingness, labor supply route and employment, the research on the labor supply of the elderly labor force in the aging background is reviewed. Secondly, the factors affect the employment of young labor force. The research carried out the classification and generalization of macro and micro factors. Thirdly, according to the different research conclusions literature on the intergenerational impact of labor employment from the macro level was sorted out and the reasons for the large differences in research conclusions were analyzed. Finally, we find that the role of micro-family subjects is becoming more and more important in the related research of aging. There are few comparative studies on the employment characteristics of the elderly and young laborers in China; there is a lack of systematic analysis of the intergenerational impact mechanism of labor employment. Based on the systematic analysis of the main research fields of the application of generational overlap model, we introduce the intergenerational transfer factor into the generational overlap model, and further propose three basic researches to explore the various effects of the intergenerational impact of labor employment.

The third chapter compares the employment characteristics of the two groups of labor groups. Firstly, the domestic and international standards for the classification of young and old laborers are reviewed including the OECD database and domestic and foreign research on the employment of different age groups. Secondly, the comparative analysis of labor participation in men and women in the life cycle The change from the classification and stratification characteristics of employment and the subjective preference of employment selection examine the homogeneity and heterogeneity between young and old labor. Finally, at three levels, factors affecting the employment and labor income levels of young and older laborers are examined.

The fourth chapter analyzes the labor market mechanism of the intergenerational impact of labor employment. Using the OECD's time series data and the latest cross-sectional data to provide an intuitive statistical analysis of the relationship between the employment of older and younger laborers, we found that the relationship between employment of older laborers and employment of young laborers may be two-way. Then, from two directions of competition mechanism and promotion mechanism the paper analyzes the possible path of employment of the young labor force on the employment of young laborers. The competition mechanism includes post occupancy effect and employment delay effect. Further, using industry and regional data, an empirical study was conducted on five mechanisms of competition and promotion.

The fifth chapter analyzes the intergenerational mobility mechanism of the intergenerational impact of labor employment. In this chapter, we systematically expound the intergenerational financial flows of the family and the intergenerational non-financial flow mechanism of the family from the perspective of economic theory. Using micro-family data to empirically test the intergenerational mobility mechanism of parents' employment affect their children's employment. It is found that the employment of parents will help children to enter the labor market, indicating that the intergenerational promotion of labor employment in the family is greater than the crowding out effect. In addition, since parental employment may not only affect the participation decision-making of children's employment, but also affect the quality of participation in children's employment, we further examine the influence of parental employment on the child's wage level through the family intergenerational mobility mechanism.

The sixth chapter summarizes the main conclusions of this study. Based on this, we explore the feasible public policy direction to promote two types of labor inclusive employment.

We re-examine the intergenerational impact of labor employment and focus on the impact of the employment of older labor on the employment of young labor. The main conclusions consist of five aspects which are summarized as follows:

First, the complementarity of young and older labor is greater than alternative in terms of employment characteristics. Judging from the classification and stratification characteristics of employment, the human capital homogeneity of the two is not high while the complementarity is strong. It is mainly reflected in the significant differences in the education level among different generations. In the industry occupation management activities also show certain differences in generations from the subjective preference characteristics of employment choices. The subjective preference of older workers for employment is "guarantee and stability". The preference type of young labor is "change and challenge".

Second, the main factors affecting the employment of the two groups are also relatively low. After examining the characteristics off amilies and regions, the study found that there are significant differences between young and old laborers in terms of the main factors affecting employment, such as impact of human capital endowment on employment and the employment of young laborers. The educational level has a greater impact while the older labor force is more affected by its physical health. The level of education affects the employment of older workers is less than the young labor force, but the wage level of the older workers impact is greater than the young labor force. In addition, the same variable has different effects on the employment of the two types of labor groups, such as the employment probability of young laborers in non-agricultural ares is greater. The employment probability of older laborers is smaller. The probability of employment in the labor force is greater and the influence that the elderly are employed or married is not significant.

Third, the impact of the employment of the elderly labor on the employment of young labor is two-way. At the industry level, the job-occupying effect of the increase in the employment rate of the elderly labor force on the employment of young laborers in the short term is still real. If the employment rate of the elderly labor force is increased, the job occupation effect of the young labor force will be generated in the short term. At the regional level, the employment of the elderly labor force directly increases the density of the working-age population. The theory can reduce the labor search cost of enterprises and increase the willingness of enterprises to supply jobs, thus promoting the employment of young laborers. In view of the above conclusions, the increase in employment of the elderly labor force will affect the employment of young laborers in some industries and positions but this negative effect is limited.

Fourth, from the perspective of family intergenerational employment decision-making, the employment of the father is beneficial to the employment of the offspring. This effect is mainly achieved in two ways: If the parents work, the higher income is used to purchase goods or specialized services directly used for intergenerational care or give parents more time for intergenerational care. The burden of child care especially for women will be reduced and the possibility of employment will increase. Staying in the workplace will help personal development. Parents can use their own economic and social resources to serve their children. On the one hand, it affects children's active job hunting and diversified employment. Moreover, parental employment not only affects the participation decision-making of children's employment, but also has a certain positive effect on the wage level of their children. There is no evidence that parents' employment will have a negative impact on their children's wage levels.

Fifth, the family intergenerational mobility mechanism can provide an important explanation for the relationship between the employment of older and younger laborers. Regardless of participation in decision-making or quality of participation, the impact of family financial mobility mechanism on youth employment is very significant: the financial assistance provided by parents to their children will have a negative signal to the employment of their children. The employment motivation of children is due to the economy. The pressure is reduced and weakened while the wages of children receiving financial help from parents are lower. The probability of employment for young people who provide material support to their parents is higher. The important reason is that the pressure of pensions generates income for their employment. With the increase of social competition and the awareness of human capital investment, the family's investment in children's education is huge. So the more the number of underage children, the higher the probability of employment for young couples. In terms of family intergenerational non-financial mobility, parents' care for their children promotes the employment of their children. However, due to their heavier family care responsibilities, the wage level is not high while the care of parents is not the main consideration when making employment decisions. It will have a negative effect on their wage levels. The personal development of parents, such as economic and social status and professional values, affects the employment of children more as a "threshold effect" increasing the employment probability of their children but their wage levels impact is minimal.

The contributions of this research are mainly reflected in: (1) When exploring the labor market mechanism of the intergenerational impact of labor employment, we try to analyze whether the employment of the elderly labor force will cause the employment delay of the young labor force from the perspective of the supply side response mechanism enriching the latest relevant literature. (2) Through the analysis of the special mechanism of family intergenerational transfer, the intergenerational financial transfer is included in the main research framework and the possibility of personal development path in the intergenerational impact mechanism of employment is analyzed and the connotation of non-financial transfer is expanded. New empirical evidence is provided for the study of the intergenerational impact of labor employment. (3) The study reveals the impact of the increase in employment of the elderly labor force on the employment and wage levels of young laborers and its mechanism of action, it provides a new theoretical explanation for the employment effects of harmonious employment and delayed retirement policies of different groups in an aging society.

目　　录

第1章　绪论 ·· 1
   1.1　研究背景与研究意义 ································· 1
   1.2　研究思路与研究内容 ································· 4
   1.3　研究方法与创新点 ··································· 7
   1.4　研究展望 ·· 9

第2章　文献回顾和模型设定 ································· 10
   2.1　文献回顾 ··· 10
   2.2　模型设定 ··· 20

第3章　年长与年轻劳动力的就业特征 ························· 27
   3.1　概念界定 ··· 27
   3.2　劳动力就业的分类与分层 ···························· 34
   3.3　我国劳动力对就业的偏好特征 ························ 43
   3.4　两群体劳动力就业和劳动收入的影响因素 ·············· 48
   3.5　两群体劳动力就业耦合关系分析 ······················ 57
   3.6　本章小结 ··· 67

第4章　劳动力就业代际影响的劳动力市场机制分析 ············ 69
   4.1　劳动力市场中就业的代际关系 ························ 69
   4.2　年长劳动力对年轻劳动力就业的替代效应 ·············· 77

    4.3　年长劳动力对年轻劳动力就业的促进效应……………… 85
    4.4　本章小结……………………………………………… 92

第5章　劳动力就业代际影响的家庭代际转移机制分析…… 95
    5.1　父代就业对子代就业的影响路径……………………… 95
    5.2　家庭代际转移对子代就业影响的实证分析 ………… 104
    5.3　家庭代际转移与子代工资水平相关性的实证分析 …… 120
    5.4　本章小结……………………………………………… 129

第6章　主要结论与公共政策启示 ……………………………… 131
    6.1　主要结论……………………………………………… 131
    6.2　政策启示……………………………………………… 134

附录一：人口老龄化问题的国际前沿研究进展 ………………… 139
附录二：2016年43个国家分性别分年龄组的就业率 ………… 159
参考文献 …………………………………………………………… 174

第1章

绪 论

1.1 研究背景与研究意义

1.1.1 研究背景

目前,几乎每一个国家都在经历着人口老龄化的考验,人口老龄化正在成为21世纪最具有重大意义的社会变革,它几乎波及了所有的经济社会领域:劳动力和金融市场、商品和服务需求(如住房、交通和社会保障),以及家庭结构和代际关系(United Nations,2015)。近20年来,中国的老年人口数正逐步攀升,2017年,世界上近1/4的60岁以上人口生活在中国,而从2013年开始,中国的劳动适龄人口数出现下降态势,见图1-1。随着老龄化加剧,提升年长劳动力就业能力、提高年长人口劳动参与的需要日趋迫切。

众多国家的研究者持续关注人口老龄化问题。我们使用共词聚类和战略坐标图示方法,对Web of Science数据库中2000~2015年的人口老龄化英文文献进行分析,研究发现"临终成本""公共教育支出和代际冲突""随机死亡率模型""世代交叠"等相关问题是老龄化经济学领域关注的热点。其中,"公共教育支出和代际冲突"问题关注了人口老龄化对公共教育支出的负面影响,并使用公共资源配置代际冲突的理论进行解释（Borge et al., 2008；Figlio et al., 2012）。"世代交叠模型"（OLG）经过修改和拓展，已经被广泛地应用到了公共养老金、住房和能源消费、劳动力市场和税收等领域的人口老龄化研究中。此外，通过精炼国际上所关注的中国人口老龄化问题，发现"亚洲的老龄化问题""经济增长""养老金改革""代际关系""差距和不平等""劳动力市场""财政金融""社会保障""老龄化在城市和农村""健康卫生"等内容是国际上关注的中国人口老龄化经济问题的热点。其中，本书关注的"代际关系"在国际中的研究包含了代际转移、人力资本和长期增长，全球经济、老龄化和代际不平等议题。"劳动力市场"问题关注了人口和劳动力市场的变化对经济增长的影响，中国的劳动力市场该如何应对人口红利结束，已婚妇女的家庭照料与劳动力市场参与等问题。"财政政策"方面则对人口老龄化和财政政策、预期寿命与民办教育投资、老龄化和资产收益率、家庭储蓄的决定因素等问题进行了研究（详见附录一）。

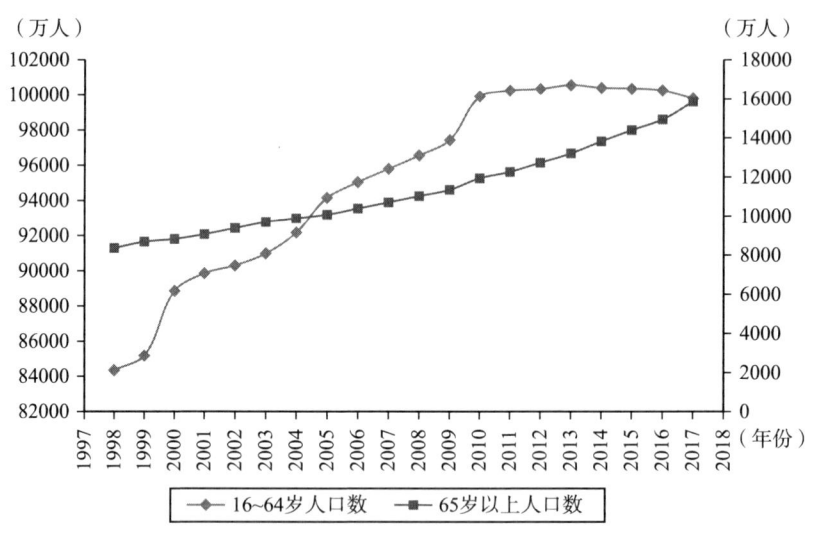

图1-1 1998~2017年中国劳动适龄人口（16~64岁）数和老年人口（65岁以上）数

资料来源：1999~2018年中国统计年鉴。

从全球来看，60岁以上人口的增长速度快于其他年龄段的年轻人口（联合国，2017）。在我国的政策实践中，为了应对老龄化加剧的趋势，人力资源政策和人口政策发生了重要转变：一是 2012 年《社会保障"十二五"规划纲要》中提出"研究弹性延迟领取养老金年龄的政策"，此后中华人民共和国人力资源和社会保障部（以下简称"国家人社部"）表示，延迟退休政策将于 2022 年开始实施，这将直接延长年长劳动力的在业时间。二是 2016 年元旦"全面二孩政策"正式落地，"二孩"政策短期来看将会减少育龄妇女的劳动参与率，长期来看将会有更多的年轻人进入劳动力市场。一些学者（蒲晓红，2001；周辉，2011）认为，采取延迟退休年龄的办法将对年轻人就业产生较大的负面影响。在这样的政策背景下，年轻和年长劳动力就业的代际竞争性是否会加剧？同时，在我国这一特殊的劳动力市场上，年龄越高的劳动者平均受教育年限越低，所以老龄化背景下刺激我国经济增长的新人口引擎更需要依靠高人力资本禀赋的年轻人。然而，这两个群体却同时是老龄化进程中的就业弱势群体，承受着结构性失业压力。人口结构的急剧老化正推动着我国劳动力市场从二元结构向新古典型加快过渡，老龄化背景下的就业矛盾越来越不是总量性的，而是结构性和摩擦性的（蔡昉，2013）。在中国，从 2017 年肇始的城市"抢人"大战，发布人才吸引政策的地区陆续从二线城市扩大至一线城市和三四线城市，但从政策本身来看，大多并不是仅针对所谓的高端人才，且对人才的标准不断下移，"抢人才"在很大程度上成了争夺劳动力资源。各级别城市爆发式的"求人若渴"暴露出公共政策面对劳动力资源衰减趋势的焦虑。

1.1.2 研究意义

正如从亚当·斯密（Adam Smith）以来便形成的经济学共识：人口增长是经济发展的结果，也是经济发展的原因。这里的人口增长，更多的是指劳动年龄人口的增长。从总量意义上来看，我国已经进入了劳动年龄人口短缺时代。但是，由于我国劳动力市场呈现出显著的结构性特征，总量短缺并非意味着失业问题得以自行解决。从年龄结构上来看，年轻和年长劳动力是老龄化背景下的就业弱势群体。与其他年龄组劳动力短缺、求人倍率上升相反，2010 年以来 45 岁以上劳动力的求人倍率在 0.69～0.88 浮动，16～24 岁的劳动力求人倍率也基本小于 1，都处于供大于求的状态。因此，在老龄化造成的劳动力总量趋减的形势下，促进人力资源的利用率，首要途径在于扩大年轻和年长劳动力就业。

根据2019年《中国统计年鉴》，2018年底我国60~69岁的低龄老年人数量接近1.5亿人。2015年全国1%人口抽样调查结果显示，60~64岁的年长劳动者仍在工作的比例为42.83%，而在全国60~64岁男性中这一数字为51.63%。这说明大多数的年长者在退休之后可继续工作，如退休返聘、志愿服务、家庭生产等。促进年轻和年长劳动力就业是老龄化背景下提高人力资源利用率的首要途径。然而，关于两类劳动力就业中的相互影响关系尚不明确，难以找到促进年轻和年长劳动力包容性就业的实现机制。通过厘清年轻和年长劳动力在劳动力供应链中的就业特征，从宏观劳动力市场和微观家庭两个层面，科学、客观、系统地揭示老龄化背景下两类劳动力的相互影响机理，从而提出促进我国两个劳动力群体包容性就业的公共政策方案，是本书的主要研究目标。

目前，相关研究多单方面考察老龄化背景下年轻或年长劳动力单一群体的就业，缺少将两类劳动力就业纳入统一框架进行的分析。即使有些研究涉及两类劳动力在就业中的相互影响问题，也仅限于讨论推迟退休年龄对年轻人就业的挤出效应，或老年产业给年轻人就业带来的机遇，缺乏对年长劳动力就业对年轻劳动力就业影响机制的全面研究。因此，系统分析年轻和年长劳动力就业中的竞争性与互补性，提出老龄化背景下统筹促进我国两类劳动力包容性就业的公共政策，对后人口红利时期促进我国经济持续健康发展有着重要的现实意义。

1.2 研究思路与研究内容

1.2.1 研究思路

老龄化进程中突出的群体间就业矛盾之一就体现在年轻和年长劳动力就业的代际关系。本书通过对生命周期中年龄、性别和就业率的关系，劳动力就业的分类与分层，劳动力就业的偏好特征等方面进行分析，探究年轻和年长劳动力的就业特征。在此基础上，借助世代交叠模型，理清老龄化背景下年轻和年长劳动力相互影响的劳动力市场机制和家庭代际转移机制，并量化其群体间效应。最后，根据前期各阶段的结论，从中探求老龄化背景下促进两类劳动力包容性就业的公共政策启示。本书的核心技术路线如图1-2所示。

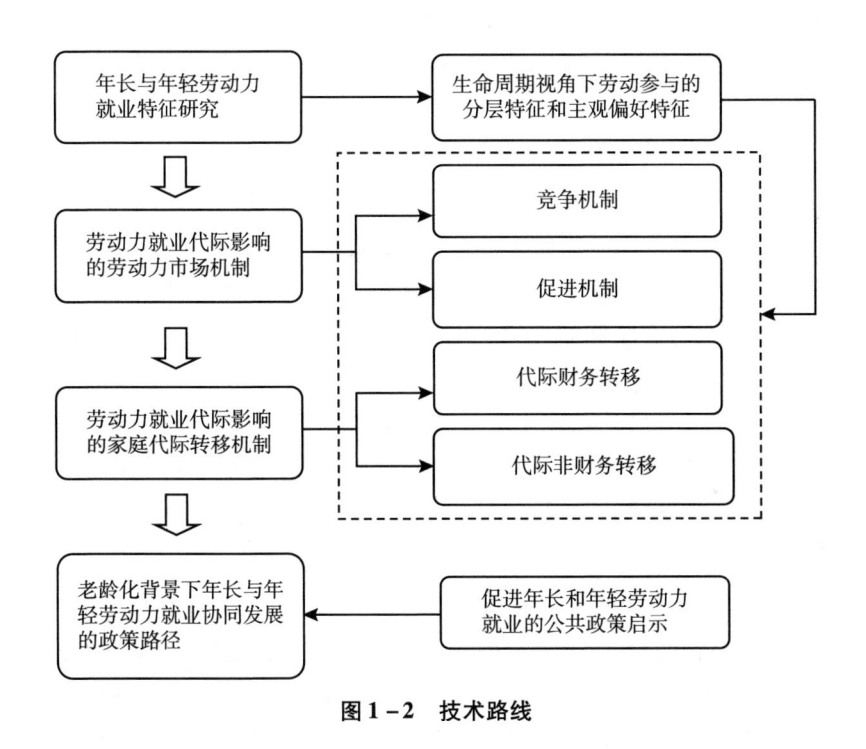

图1-2 技术路线

1.2.2 研究内容

基于以上研究框架，本书研究包括以下三项主要内容。

（1）年轻和年长劳动力的就业特征研究——生命周期视角下劳动参与的分层特征和主观偏好特征。本部分从个人层面入手，分析年轻和年长劳动力的就业分类特征与就业偏好特征。利用不同年龄段劳动参与异质化的特点，解决以下四个问题：一是基于生命周期中"年龄—就业率"曲线，对比分析男性和女性在生命周期中劳动参与的变化。二是从就业的分类与分层特征方面，考察年轻和年长劳动力在人力资本、行业、职业、管理活动、单位类型、工作方式和就业地区等方面是否存在较强的替代性。三是从就业择业的主观偏好层面分析年轻和年长劳动力之间的差异，主要包括两类劳动力群体对工作回报、创业、工资和闲暇、主动转换工作等方面的偏好差异。四是从个体特征、家庭特征和地区特征三个层面实证分析了影响年轻和年长劳动力就业和劳动收入水平的主要因素。以此导向对劳动力就业代际影响的劳动力市场机制与家庭代际转移机制的研究，为分析老龄化背景下年轻和年长劳动力的互动影响机制奠定基础。

（2）老龄化背景下劳动力就业代际影响的劳动力市场机制分析。这部分研究内容包括理论分析和定量研究两方面。第一，基于年长和年轻劳动力的就业特征，分别从竞争机制和促进机制两个方面对年长劳动力就业对年轻劳动力就业可能的影响路径进行理论分析。其中，竞争机制包括岗位占用效应和就业延迟效应两种机制，促进机制包括消费拉动、投资拉动和工作搜寻三种机制。第二，经验分析：一是使用45个国家的截面数据和18年的时间序列数据，对年轻和年长劳动力劳动参与率的关系进行直观的统计分析；二是使用行业和地区层面的面板数据，并借鉴拜伦和肯尼的中介作用模型，采用固定效应模型，分别对竞争和促进两个方向的5种机制进行实证研究。通过从劳动力市场角度的理论和数据观察，提炼出对我国拟推行的延迟退休政策的优化建议。

（3）老龄化背景下劳动力就业代际影响的家庭代际转移机制分析。家庭是养老和代际支持的微观主体、受益者及风险承担者，父代的就业状况将会影响子代就业。本部分从家庭代际转移角度入手，厘清老龄化背景下劳动力就业代际影响的家庭代际转移机制，这包括理论模型和经验研究两方面。首先，对家庭代际财务转移和家庭代际非财务转移机制进行理论阐述。其次，使用微观家庭数据对父母就业影响子女就业的家庭代际转移机制进行实证检验。最后，因为父母就业可能不仅影响子女就业的参与决策，也影响子女就业的参与质量，因此本书进一步使用Heckman两步法，检验了父母就业通过家庭代际转移机制对子女劳动工资水平的影响，并通过普通最小二乘法（ordinary least squares，OLS）和Tobit方法对Heckman两步法的回归结果进行了稳健性检验。通过以上模型构建和定量检验,总结出老龄化背景下微观家庭中父代就业对子代就业的影响机制,并挖掘其相关的政策启示。

1.3 研究方法与创新点

1.3.1 研究方法

使用的具体研究方法包括:在研究初期,对现有国内外关于劳动力供给理论、家庭代际转移模式、就业促进的公共政策理论进行梳理和研究。在理论框架的构建中,借鉴了世代交叠模型、工作搜寻理论、家庭生产理论、奥肯定律等思想。实证分析中,综合使用了 OLS、Tobit、面板 Probit、固定效应模型、随机效应模型、Heckman 两步法等方法,并借鉴拜伦和肯尼的中介作用模型,构建实证模型并进行数据测算和检验,所用到的个人和家庭数据主要来自中国社会综合调查(Chinese General Social Suruey,CGSS)和中国家庭追踪调查(China Family Panel Studies,CFPS)等微观数据库,宏观数据主要来自历年的人口普查数据、《中国劳动统计年鉴》《中国统计年鉴》《部分城市公共就业服务机构市场供求状况分析》等。通过综合使用不同的研究方法,对相关结果进行验证,提高分析结论的稳健性和政策建议的科学性。

1.3.2 创新点

(1)在理论研究方面,对老龄化背景下劳动力就业的代际影响机制进行了理论概括和提升,对相关定性讨论中的诸多争议进行数据检验和指标测算。长期以来,我国群体间的就业矛盾集中体现在城乡劳动力间的竞争性和互补性,理论界对二元结构中群体间就业矛盾的研究较为充分。而年轻与年长劳动力之间的就业矛盾是随着人口老龄化而凸显的,并逐步成为劳动力市场中突出的群体间矛盾。年轻和年长劳动力之间的就业关系问题,与城乡劳动力的就业关系有本质区别,这也体现了劳动力市场转变过程中群体间就业矛盾的演变。关于年轻和年长劳动力就业中的替代性和互补性，在性质判定、作用机制、理论解释以及相关政策等方面，目前理论界仍处于探索阶段。本书尝试将代际转移因素引入 OLG 模型，并分别从中观和微观层面出发，将两类劳动力就业的影响机制划分为劳动力市场机制和家庭代际转移机制，并进一步细分成竞争机制（岗位占用效应、就业延迟效应）和促进机制（消费拉动、投资拉动、工作搜寻）、代际财务转移（向上转移、向下转移）和代际非财务转移（家庭生产、父母个人发展）等，为劳动力就业的代际影响效应等相关问题构建了初步的理论研究框架。

（2）在研究方法方面，根据具体的研究目的进行了角度、变量和指标的创新。例如，在对年轻和年长劳动力就业替代性和互补性的研究中，除了从两个劳动力群体的就业结果特征进行分析外，我们还比较了就业主体的主观偏好特征。又如，在分析年长劳动力就业是否会在劳动力市场层面挤出年轻劳动力时，我们尝试从供给侧的响应机制角度，测算年长劳动力就业是否会引起年轻劳动力"就业延迟"，这在之前的文献中是鲜有涉及的。再如，在对劳动力就业代际影响的微观家庭机制的研究中，之前的文献多从"隔代照料""家庭照料"的视角切入，我们将代际财务转移纳入主体研究框架，并且分析了个人发展路径在就业代际影响机制中的可能性，拓展了非财务转移的内涵。此外，研究劳动力市场机制中的工作搜寻机制时，与已有文献不同的是，我们使用了劳动适龄人口密度作为工作搜寻机制的代理变量，并发现"密度"效应比"数量"效应更为有效。

（3）在实践价值方面，本书在揭示年轻和年长劳动力就业中的竞争性与互补性的基础上，从劳动力市场机制、家庭代际转移机制两个角度，对两个劳动力群体就业的影响路径进行经验检验，进而针对我国老龄化现状提出统筹促进两个群体就业的政策路径。通过厘清两类劳动力在劳动力市场和微观家庭中的影响机理，量化测算其相互影响效应，为老龄化社会中不同群体的包容性就业、延迟退休政策的就业效应提供了新的理论解释。在系统分析的基础上，从教育、就业服务、退休政策、社会保障、代际文化建设等角度，探求统筹促进两类劳动力包容性就业的公共政策立足点。

1.4 研究展望

劳动力就业的代际影响作用途径比较复杂，既有宏观的、中观的又有微观的，既有长期的又有短期的，既有直接的又有间接的，既有经济层面的又有非经济（社会文化）层面的。限于研究者目前的学术视野和水平，仅仅从中观和微观层面，劳动力市场和家庭代际转移两个视角，基于最新可得的数据对该问题进行了探究。以下几个方面都具有进一步深入研究的可能，比如，针对某几个重要行业进行就业代际影响的分析，通过对不同劳动力群体的访谈挖掘其他代际影响机制（如人力资本投资机制），使用随机控制实验法（如田野实验）等进行因果关系的识别等。

此外，在劳动力就业代际影响劳动力市场机制的讨论中，虽然实证结果排除了就业延迟效应、消费拉动机制和投资拉动机制在年长劳动力就业对年轻劳动力就业影响中的中介作用，但是由于年长劳动力就业增加而引起的年轻人过度教育和就业延迟，由于"退休—消费之谜"消费水平提高而总需求上升、抚养比下降而投资率提高，进而影响年轻劳动力就业率的机制可能需要一定的反应时间，由于最新可得的数据时间跨度较短，暂时还无法验证这些机制的长期效应。这也将是今后研究的努力方向之一。

第 2 章

文献回顾和模型设定

2.1 文献回顾

从全球来看，老龄化进程的加速发展正驱动着越来越多的研究者关注人口老龄化及其相关的经济、社会问题。我国从 2000 年开始进入老龄化社会（翟振武，2013），老龄化程度的不断加深和较低的退休年龄使得财政负担日益加重，詹姆士等（James et al.，1999）认为中国应该适当调整退休年龄，以应对沉重的赡养负担。近年来，随着健康老龄化、生产性老龄化等理论的提出和发展，对老龄化的研究逐渐从"消极老龄化"演变为"积极老龄化"（刘文、焦佩，2015），其中生产性老龄化包括年长劳动力从事志愿服务、照料孙辈、继续工作等（Nancy，2011），年长劳动力继续就业与再就业的相关议题也成为人口老龄化研究的热点之一（撒凯悦、罗润东，2017）。年长劳动力就业增加是否会对年轻劳动力就业带来不利影响？早在 1998 年弗里曼（Freeman）就提出，年长劳动力和年轻劳动力的职业特征存在较强的异质性，彼此之间替代性不高，甚至可能是互补的关系。然而与西方不同的是，我国的人口老龄化伴随着劳动力剩余（原新、万能，2006；侯东民，2011），在劳动力市场不能提供更多岗位的情况下，年长劳动力就业增加势必会对年轻劳动力就业产生挤出效应（范琦、冯经纶，2015）。下面分别就相关的文献研究进行梳理和总结。

2.1.1 关于老龄化背景下年长劳动力的劳动供给

现阶段，对年长劳动力劳动供给的研究主要集中在三个方面。

一是劳动供给意愿。第一，对微观样本的研究结果显示，受教育水平对年长者再就业意愿的影响最大（Hamermesh et al.，1998），城市高教育水平的年长者劳动参与的主要动机是社会参与和自我实现需求（张文娟，2010）。第二，健康状况也是影响年长者劳动供给的重要因素（Dwyer & Mitchell，1999；Adams P. el al.，2003），健康状况较好的年长者劳动参与的热情更高（Gameren，2008；田艳芳，2010；陆林、兰竹虹，2015）。第三，年长劳动者的退休决策受到公共和个人养老金的可得性的显著影响（Gruber & Wise，2004），养老保障的缺失将会使年长劳动者继续就业和再就业的概率增加（Favreault M. et al.，1999）。第四，由于女性承担了更多的家庭照料责任，因此她们的劳动参与意愿低于年长男性（殷俊、杨政怡，2015）。第五，自身经济状况十分困难的年长者，再就业的意愿是经济宽松年长者的 5 倍（钱鑫、姜向群，2006）。而劳动收入对中老年人的劳动供给具有正向影响，这一结论在农村和城市样本中都得到了验证（牟俊霖、宋湛，2012）。对印度的经验估计也表明，经济社会地位较低的老年人劳动参与率更高，且大部分在工资水平较低的非正规部门就业，如技能需求较低的自由职业或自我雇佣（Reddy，2016）。此外，这些因素之间还存在交互作用，例如养老保障和健康状况，李琴等（2014）的研究发现，患高血压对城市年长体力劳动者的劳动供给具有明显的影响，而这一现象在同样是体力劳动为主的农村年长劳动力中并不存在，可能的原因就是城市年长者拥有更好的养老保障条件。

二是劳动供给途径。退休返聘是指劳动者从职业生涯终止到完全退出劳动力市场之间的劳动参与状态（Wang et al.，2008），是年长劳动者就业的主要途径。无论是在美国、德国、日本这样的发达国家，还是在中国这样的发展中国家，老年员工退休返聘的现象均客观存在于各种企业和组织中，主要从事的岗位有顾问咨询、中层管理、行政后勤等（Maestas，2010；马洁、周永华，2012）。按退休前后就业的组织单位是否相同，退休返聘分为同组织返聘（继续在原单位或其分支机构工作）和跨组织返聘（Schlosser F K et al.，2012；Zhan et al.，2013）。按年长者是否创业又可将退休返聘分为自雇型（退休后创业）和受雇型（Kerr & Armstrong‐Stassen，2011）。此外，在年长劳动者继续就业的过程中也存在一定的难点，产业结构不合理、需求不足、组织不力等客观因素对年长者继续就业形成了一定的障碍（刘颂，2006），家庭或家族关系所形成的强关系网为年长者就业提供了重要支持，而就业促进组织（如职业介绍所或老年组织）对年长者的就业帮助不大（张翼、李江英，2000）。由于现行退休年龄制度的限制，我国老年人退休后重返原岗位难度重重，因此兼职、无偿志愿服务等"隐性就业"现象更为多见（刘巧蓉，2012）。

三是年长劳动力就业的影响。虽然对年长劳动力就业影响因素的研究较多，但对其影响结果的研究却较为有限。一方面，从宏观影响来看，促进年长劳动力就业是老龄化背景下年长者人力资源开发的重要途径：其一是有助于减轻社会负担和财政压力。其二可以对劳动力进行适当补充，优化人才结构（姜向群、杜鹏，2009；梁誉，2011）。联合国在2002年的《老龄问题国际行动计划》中也提出，年长劳动者就业对改善国民经济状况、提升经济产能具有重大的意义。其三是对年轻劳动力就业的影响，对这一问题的研究结论不一：有的学者认为年长劳动力就业增加将会对年轻劳动力的就业产生挤出，有的学者认为二者互不影响，还有的学者发现年长劳动力就业的增加将会促进年轻劳动力的就业（详见2.1.3）。另一方面，就业是个体社会参与的重要方面，并直接影响年长劳动者的经济水平，关于年长劳动力就业微观影响的研究主要集中在年长劳动者的心理学变量，年长劳动者达到退休年龄后继续就业和再就业无论是对于满足经济需求还是提升心理幸福感都有不容忽视的作用（钱鑫、姜向群，2006；Wang，2007；宋宝安、于天琪，2011）。退休返聘对年长劳动者的退休满意度和生活满意度产生正向影响，且返聘在原单位的年长者比返聘到外单位的生活满意度更高（Kim & Feldman，2000）。

2.1.2 年轻劳动力就业的影响因素

已有研究结果表明，宏观经济因素和微观个人、家庭特征都会对年轻劳动力就业产生影响。

宏观层面上，从影响效果来看，一些宏观经济变量对年轻劳动力就业产生积极影响，如人均国内生产总值、国内投资总额、外国直接投资、私营部门获得信贷等，而进口则对年轻劳动力就业率产生了负面影响。其他宏观经济变量，如通货膨胀率和年轻人总人口，则对年轻劳动力就业率没有显著影响（Andonova et al.，2017）。技术进步将会提高劳动生产率，降低劳动力成本，年轻人的相对就业空间会相应扩大（胡鞍钢、盛欣，2011）。技术进步、资本深化及产业升级都将对年轻劳动力就业产生积极作用（周德禄，2012）。此外，宏观经济政策也可能对年轻劳动力就业产生影响。比如对最低工资的规定通常会降低年轻人口的就业率，相对较高的最低工资将会抑制年轻人的就业（Neumark et al.，2004；Majchrowska et al.，2016），但也有研究不支持这个结论，认为最低工资的规定对年轻劳动者的就业率没有显著影响（Sturn S.，2018）。再如，社会福利对 25 岁以下年轻劳动力的就业不会产生抑制作用（Bargain & Doorley，2017）。此外，兰赫德和芬恩（Ranchhod & Finn，2016）的研究发现，南非为了促进年轻人就业出台的就业税激励措施（employment tax incentiues，ETI）在短期内也并不能得偿所愿。

微观层面上，个人特征特别是人力资本特征是影响年轻劳动力就业的最重要的因素，教育水平不仅是一个促进年轻人获得就业机会的重要支持，而且在整个职业生涯中较高的教育水平都是获得就业机会的有力保障（胡鞍钢、盛欣，2010）。无论是在欧美国家还是在中国，婚姻都会提高年轻女性退出劳动力市场的可能性（Van der Lippe et al.，2002；吴愈晓，2010）。此外，家庭特征也是影响年轻人就业的重要因素之一：贫困家庭的年轻人就业概率显著低于非贫困家庭的同龄人，且平均小时工资仅相当于非贫困家庭同龄人的 45%（高梦滔，2006）。家庭经济社会地位较高的年轻人推迟就业的可能性越大，且最终落实单位的概率较高（郑洁，2004）。而其内部机制很可能是由于经济社会地位较好的父母将资源积累转化为子女的人力资本积累，进而影响年轻子女在职场上的表现。有研究发现父母的政治资本通过子女人力资本的中介作用产生了工资溢价（谭远发，2015），母亲的教育水平也可以加强年轻人自身教育水平对就业概率的积极影响（Mussa，2015）。对于已婚年轻人来说，子女数量和子女年龄也是影响其就业决策的重要因素，不过主要是对年轻女性就业的冲击，影响效果的性别差异较大（蔡昉、王美艳，2004；杨慧等，2016）。

2.1.3 从宏观层面对劳动力就业代际影响的研究

自 2000 年我国老龄化趋势初现，延迟退休政策的呼声日益高涨，大量文献从宏观角度研究了延迟退休对总体就业的影响。一种观点认为，提高法定退休年龄将会加大就业压力，刘钧（2005）、张雄（2009）、达林等（Dalen et al.，2010）、刘红运（2014）分别从人口发展预测、老年劳动参与、雇主意愿、企业劳动力成本角度论证了这一观点。有的学者认为，延迟退休与失业没有相关关系，并不会加剧我国的就业压力（左学金，2001；童玉芬、杨河清，2011）。而苏春红等（2014）、姚东旻（2015）基于 DMP 理论，罗元文（2001）从养老金支付压力角度分析认为，延迟退休将降低企业劳动力搜寻成本和用工成本，促使企业提供更多就业岗位，从而促进就业。

近年来，越来越多的学者开始关注年长者就业和延迟退休对年轻劳动力就业的影响，特别是 2010 年 9 月法国工会发起了反对延迟退休年龄的大罢工，相关问题引起了世界关注。在此之前，我国国内的相关研究多为理论分析，而 2010 年之后的研究则更多地从劳动力供给角度进行了数据测算、模拟和实证检验。

一种观点认为，年长劳动力就业的增长将挤出年轻劳动力就业。例如，米歇络和福特（Michello & Ford，2006）的研究结果表明，美国的延迟退休政策并不能达到降低失业率的目的。赫尼尔（Henel，2010）认为如果劳动力人数增加不足，提高退休年龄的政策将会使失业率升高。因此建议年长劳动力尽早退出劳动力市场，为年轻人腾出更多岗位（Wise，2004；蒲晓红，2001；周辉，2011）。这一判断主要是基于两个基本假定：经济体中的岗位数目固定不变，且年长和年轻劳动力的替代性较强（Kalwij et al.，2009）。第一个假定也被称为"劳动合成谬误"（the lump of labor fallacy）或"盒子经济"（boxed economy view），通常不被相关研究所支持。格鲁伯等（Gruber et al.，2009）没有发现年长劳动力就业的增加对年轻人的劳动需求有显著的负面影响，这是由于经济规模的增长带来了岗位数量的增加。年长劳动力就业的增加有助于降低劳动力的边际成本，从而使得总劳动需求上升（Börschsupan，2010）。同样地，"挤出效应"是否存在的研究同样存在于1960～2007年美国的女性涌入劳动力市场对男性劳动参与率的影响中（Gruber et al.，2009），结果表明女性就业的增加并不是以男性就业的减少为代价的。这说明，"盒子经济"并不能被经济事实所佐证。

关于第二个假设的研究不多，且未能取得一致的结论。理论上来说，年长和年轻劳动力之间替代关系的强弱根本上是二者人力资本同质性的高低。有的研究发现年长劳动力和年轻劳动力之间确实存在替代关系（Card & Lemieux，2001），而我国产业层次偏低，也意味着年长和年轻劳动力的代际替代程度较高（林熙，2013）。也有的研究认为年长和年轻劳动力之间是互补关系（Hebbink，1993），在我国年长劳动力通常拥有更高的专业技术水平，即工作经验带来的人力资本提升，而年轻人具备更高的一般技能（张川川、赵耀辉，2014），这种人力资本优势源于快速发展的高等教育。相比人力资本投资结构较为稳定的发达国家，我国快速的产业结构变迁和社会分工细化使两类劳动力替代性更弱。张志远和张铭洪（2016）也认为，不同教育水平的年长和年轻劳动力之间职业类别重合度很低。

很多经验分析并不支持年长劳动力的就业会挤占年轻人的就业机会，相反结论常常是年长劳动力就业对年轻人就业有促进作用（Filip C. et al.，2014）。例如，基于1983～2004年比利时数据的回归分析表明，提前退休并不会促进年轻人就业（Jousten et al.，2008）。卡维等（Kalwij et al.，2009）使用劳动需求的动态模型估计结果同样表明，年长劳动力的就业变动不会挤出年轻人就业，而是有一定的积极效应。使用中国数据的经验研究结果同样验证了这一结论（刘妮娜、刘诚，2014；张川川、赵耀辉，2014；张志远、张铭洪，2016）。此外，一些学者认为，年长劳动力对年轻劳动力就业不会产生任何积极作用或消极作用（Hammermesh & Grant，1979；Hemmermesh，1984；Boldrin et al.，1999），二者之间没有显著的相关性。

以上研究结论差异较大的原因如下：一是研究假设不同，如在短期内，延迟退休会挤占年轻劳动力的就业岗位，造成失业率的上升（于小雨、孙英隽，2016），但长期来看，延迟退休的就业挤出效应会逐步减弱并消失（郑功成，2012；刘阳等，2016；）。二是样本细分不同：比如，从性别差异入手，岳立、刘苑秋（2016）发现女性延迟退休对年轻劳动力就业挤出效应更强，阳义南、谢予昭（2014）发现男性延迟退休后年轻劳动力的就业率上升，而女性延迟退休后，年轻劳动力就业率下降；从行业角度入手，延迟退休后，技术性、知识性较强的行业和公共服务等行业的年轻劳动力就业受到较大冲击（刘妮娜、刘诚，2014）；从是否参加养老保险来看，未参加养老保险的年长劳动力就业增加会对年轻劳动力就业产生负效应，而参保年长者就业率的升高对年轻劳动力就业的负向影响不显著（龚海娟、陈进，2017）。三是国别效应，由于各国经济发展水平、劳动力人口结构和退休制度设计差异较大，即使是国内的相关研究，有的使用中国各省数据，有的使用 OECD 的各国数据，这些差异都会影响结论的得出。

2.1.4 从微观家庭层面对劳动力就业代际影响的研究

与欧美以核心家庭为主的情况不同，父代和子代甚至隔代之间紧密的经济社会联系是我国家庭文化的重要特征。虽然近年来我国家庭结构也有小型化的趋势（王跃生，2013），但家庭内部代际之间的财务和非财务往来依旧频繁，主要表现在四个方面：一是年长的父母帮助年轻的子女照顾孙辈，以保证其有充足的劳动参与时间；二是父母为成年的子女提供财务支持，特别是在其职业发展和组成家庭的初期；三是子女为年长的父母提供日常照料，这体现了家庭养老职能的非物质赡养层面；四是子女为父母提供财务帮助，体现了物质赡养的层面。

早在 1987 年，考克斯（Cox）就设计了一种代际转移模型，其中父母为子女提供财物，作为回报，子女为父母提供服务和时间资源。家庭内部的代际转移的动机一般被解释为两种:当支付者通过财务或非财务援助来改善接受者的福利状态时,这种代际转移的动机可以通过"利他主义"来解释;当代际援助是出于互惠目的时则用"交换动机"来解释(Laitner, 1997; Laferrere, 1999; Laferrere & Wolff, 2004)。

一些文献从"隔代抚育"的角度研究家庭代际转移对年轻人就业决策的影响。照料婴幼儿带来的直接成本和机会成本将影响年轻父母的劳动参与(Morrissey, 2016),对年轻母亲的就业影响更大(Hill et al., 1993)。而由外部公共组织提供的托幼服务可以显著提高年轻人的劳动参与率(Brilli et al., 2016)。在我国,近一半的大于60岁的年长者正在为子女提供隔代抚育的服务(孙鹃娟、张航空,2013),当前人口快速老龄化的趋势下,隔代抚育现象逐渐成为常态(Chen et al., 2011)。因此,年长父母隔代抚育对其年轻子女劳动参与的影响逐渐受到关注。研究结论显示,年长劳动者在隔代抚育中时间投入的增加,对劳动力供给具有显著的积极影响(Cardia & Ng, 2003),父母帮助子女从婴幼儿抚育的重任中解放出来,显著提高了年轻子女的劳动供给,其中男性劳动参与率提高了6.3%,女性提高了14.3%,并且女性工作时间增加的幅度远大于男性(卢洪友等,2017)。这是由于抚育子女的任务通常由母亲承担更多的缘故。因而很多研究将关注点更加细化,探究了父母的隔代抚育活动对年轻女性劳动参与的影响,结果发现,父母看护未成年孙辈的劳务帮助比财务支持更有利于年轻女性就业(Dimova & Wolff, 2006)。此外,基于共同居住和代际向下转移高度相关的假设,分别使用日本和中国的调研数据的研究发现,年轻女性的劳动参与率在多代人共同居住的家庭结构中表现出显著的优势(Ogawa & Ermisch, 1996; Sasaki, 2003; 沈可等,2012),甚至和父母居住地距离越近,女性劳动参与率也会越高(杜凤莲,2008)。也有研究提供了不同的结论,对法国、德国、俄罗斯等7个国家进行工具变量回归的结果表明,在一些国家祖父母的隔代照料会对年轻母亲的劳动参与有显著的正向影响,但在另外一些国家则没有发现这种关系,这种差异与家庭偏好和国别文化不同有关(Aassve et al., 2012)。

另外一些研究从"老年父母照料"角度研究代际非财务转移对年轻劳动力就业的影响,但是对于照料父母是否会减少子女的劳动参与并没有明确的共识。一种观点认为，提供老年照料将使子代承担的经济负担更重，时间成本和人力资本的损耗将直接影响其劳动参与（马焱、李龙，2012；Van Houtven et al.，2013）。相反地，沃尔夫和索尔多（Wolf & Soldo，1994）对年长父母使用了就业和家庭照料的联立方程模型，并没有发现由于提供父母照料而减少就业倾向的证据，艾特内（Ettner，1996）使用工具变量法估计结果发现，照料父母的确会减少劳动参与时间，但这种影响仅对于不和父母同住的女性而言是显著的。有的学者认为，只有对父母的照料达到一定的强度时，才会对子女的就业决策产生影响（Carmichael & Charls，2003b；陈璐等，2016）。此外，范霍特文等（Van Houtven et al.，2013）、刘柏惠（2014）、陈璐等（2016）均发现，老年父母照料会使子女承受逐渐扩大的隐性"工资惩罚"，其中女性将面临更大的工资差距。

目前仍鲜有对家庭代际财务转移和子女就业关系的研究，但综合已有研究可以看出，年轻人的就业决策很可能受到这种财务向上或向下转移的影响。从父母对子女的财务转移来看，很多研究结论指向其对年轻人就业具有负向影响。例如，基于宏观理论的证据表明，虽然父母以提供隔代照料为主要形式的时间转移有利于年轻子女的劳动参与，但父母向下的财务转移却减少了子女工作的可能（Cardia & Ng，1998）。基于青少年群体的样本，杜斯曼特和米克尔维特（Dustmann & Micklewright，2001）利用两代人的利他主义转移模型来研究父母的零用钱对子女劳动力供给的影响发现，经济援助大大减少了子女的劳动参与。以"购房首付是否由父母提供"作为父母直接财务转移的代理变量，陈敏（2015）发现父代对子代的直接财务转移会降低子代的劳动供给时间。而接受遗产也会使继承人的劳动力供给小幅减少（Holtzeakin D. et al.，1993；Joulfaian & Wilhelm，1994），从侧面说明来自父代的财富转移会对子代就业决策产生负向影响。但是，仍然有研究提出了不同的观点，沃尔夫（Wolff，2006）使用最大似然法估计联立方程模型发现，父母转移没有显著影响子女的就业决策。从子女对父母财务转移角度出发的研究更是寥寥，比如，燕彬、聂正彦（2016）研究发现随着家庭赡养老人支出的上升，农村已婚女性劳动力的经济理性促使其从收益较低的农业部门转向具有较高收入的非农业部门。从相反的角度来看，如果需要承担对子女的财务补贴时，年长劳动力参与各项生产活动的概率将大大增加（于丽等，2016；李梦竹，2018），这也从侧面反映出代际财务转移带来的经济压力很可能是促进年轻劳动力就业的因素之一。

2.1.5 已有研究评述

分析本领域的国内外研究动态，发现存在以下三个重要趋势，拟在本书中借鉴和创新。

（1）在老龄化的相关研究中重视微观家庭主体的作用。生命周期理论是典型的将微观家庭决策联系到宏观经济运行的理论，奥尔巴赫和科特利科夫（Auerbach & Kotlikoff，1987）扩展的 OLG 模型是这一范式的代表。从微观角度基于绝对收入假说、生命周期理论、世代交叠模型、家庭储蓄需求模型等，针对家庭边际消费倾向和储蓄的影响成果居多，袁志刚、宋铮（2000）和王金营、付秀彬（2006）较有代表性。近年来，在老龄化的相关研究中越加重视微观家庭的作用，如刘永平、陆铭（2008）和刘穷志、何奇（2012）等。曾毅等（2012）利用调研数据对老年家庭照料需求成本进行了模型预测。事实上，关于老龄化的研究离不开对微观家庭的分析，家庭养老是重要的养老方式（穆光宗，2012），并且微观家庭的养老投入、教育投资和储蓄等决策都是老龄化背景下影响就业和代际关系的基础性因素。

（2）对我国年长和年轻劳动力就业特征的比较研究较少。两类劳动力群体在人力资本和就业方面的相似性和差异性是研究二者就业替代和促进关系的基础。如果二者在人力资本和就业分布等方面差异性较大，说明劳动力代际之间的替代性较弱，反之则一个群体就业的增加可能对另一个群体产生较强的挤出。然而，目前使用我国数据进行的研究中，只有少量文献从受教育水平和行业分布角度，对年长和年轻劳动力就业的差异性进行了简要阐述，尚缺乏系统的比较研究，特别是将二者对就业的主观偏好进行细分对比的研究更是寥寥。在现实中，随着劳动力资源相对短缺的趋势越来越明显，结构性失业的压力越来越大，劳动者自身的偏好特征很大程度上影响着他们的就业决策，在劳动力市场中体现为劳动参与率的变化。从就业目的的角度来说，就业不仅是劳动者取得收入的手段，还是劳动者自我实现的过程。因此，劳动者就业的主观偏好特征是影响其就业结果的重要因素。

（3）缺乏对劳动力就业代际影响机制的系统分析。从现有文献看，目前关于老龄化与劳动力市场的研究，多着眼于老龄化对劳动力市场整体规模的影响（杜鹏等，2005；原新，2012）。涉及年长劳动力和年轻人就业的关系研究，多从总量角度关注了延迟退休对年轻人就业的影响，大多数经验研究结果表明延迟退休并不会阻碍年轻人就业，甚至有一定的互补效应。然而，关于老龄化背景下劳动力就业的代际影响机制，还缺乏系统分析，特别是从家庭代际转移角度研究两类群体的就业问题，现有文献还鲜有涉及。本书拟基于世代交叠模型的分析框架，进一步将代际影响机制划分为中观层面上的劳动力市场机制和微观层面上的家庭代际转移机制，探究劳动力就业代际影响背后的主要机理，以对相关领域的理论和经验研究有一定的突破。

2.2 模型设定

2.2.1 世代交叠模型（OLG）基本定理

世代交叠模型，从经济理论发展的角度来看，最早是由法国经济学家莫里斯·阿莱斯（Mauria Alais）在1947年的教科书中提出，1958年经济学家保罗·萨缪尔森（Paul Samuelson）在讨论利率的决定问题时提出了一个纯交换经济的OLG模型，并用来讨论货币在经济中的作用。之后，1965年戴蒙德（Diamond）又建立了一个具有生产部门的OLG模型，并用来讨论资本积累的黄金律以及国债在经济中的作用。正是由于戴蒙德的OLG模型引进了生产部门，该模型得以成为现在宏观经济学教科书中的标准模型，也被直接称为戴蒙德模型。该模型假定经济主体具有有限期界，人们按照不同代存活于离散时期，分别为年轻时期和年长时期，在同一时间段 t 内一个世代的年轻人与上一世代的年长者相互交叠共同存在。该模型将经济系统的消费者区分为不同的代际，各代消费者的行为存在差异，对此用常相对风险效用函数进行设定，通过求解经济主体跨期效用最大值得出模型结论，对分析宏观经济中的消费、投资、就业、经济增长问题提供了微观分析基础。

近年来，世代交叠模型在我国经济学研究的主要应用领域有五个。

（1）对养老保险问题的研究。早在2000年，袁志刚、宋铮通过构建把握中国养老保险制度基本特征的叠代模型，分析了人口老龄化对城镇居民储蓄率的影响。后续研究又将世代交叠模型进行了扩展应用，比较有代表性的有：张晓娣、石磊（2014）在世代交叠框架下考察了养老保险和公共债务的关系；李时宇、冯俊新（2014）使用多阶段世代交叠的可计算一般均衡模型，研究了城乡居民社会养老保险对中国经济的短期和长期影响；陈凯、段誉（2014）使用三阶段世代交叠模型分析了不同渠道养老保险收入对家庭储蓄率的影响；柳清瑞、孙宇（2018）构建简化的世代交叠模型分析发现，提高劳动参与率将有利于改善养老金财务收支均衡及可持续性。

（2）对人口老龄化与延迟退休的研究。一些文献通过构建拓展的世代交叠模型，如一般均衡世代交叠等，研究了人口老龄化对资本流动、居民内生储蓄、最优社会统筹养老金缴费率等经济变量的影响（简永军、周继忠，2011；马树才等，2015；康传坤、楚天舒，2015）。在对延迟退休问题的研究中，曾燕等（2013）运用两期世代交叠模型模拟比较分析发现，长寿风险暴露下的延迟退休是个人的最优决策，同时也使得社会效用最大化。樊长科、林国彬（2015）拓展了世代交叠模型的分析结果发现，延迟退休政策的实行有利于提高养老金的支出水平。

（3）对消费和储蓄的研究。2005年，黄少安、孙涛扩展了代际交叠模型，用最优化条件分析了我国居民在消费和储蓄行为等方面的特征，并分析其对政府宏观经济政策的影响。2010年之后的研究则更多关注经济因素对居民消费和储蓄的影响，如芦东（2011）使用三期迭代模型解释了人口结构和收入增长对居民储蓄率的影响；王根蓓、徐淑君（2015）以个体跨期最优化行为为基础的分析结果显示，中国自贸区的金融创新将引发境内外居民和投资者的储蓄和投资跨境"局部转移"或"全部转移"；赵昕东等（2017）的研究结果发现，人口老龄化和养老保险对居民储蓄的影响是显著的。

（4）对人力资本投资问题的研究。例如，基于标准和扩展的世代交叠模型，王询、孟望生（2013）推导得出人力资本投资与预期物质资本回报率的负相关关系；赵静（2014）研究发现养老保险缴费率对家庭教育支出有显著的正向影响；杨继波、吴柏钧（2015）探讨了中年期在有限收入约束下对子女教育和养老保险投资的权衡，发现公共教育支出的增加对低收入家庭子女教育的挤出效应更加明显，还会促进子女对父母养老保险的投资；刘建国、孙勤英（2018）从理论层面分析了人口老龄化如何影响家庭的健康和教育人力资本投资决策。

（5）对宏观政策调控的研究。一些研究运用世代交叠模型，通过讨论我国经济的动态无效率问题，为政府采取宏观政策调控资本积累和消费水平寻找理论依据（赵楠、洪兴建，2004；张延，2010）。还有一些研究对公共环境政策的有效性进行了分析，如政府污染治理投入在总税收中的比例、环境税政策、碳税等（肖欣荣、廖朴，2014；陈工、邓逸群，2015；张晓娣、刘学悦，2015）。此外，一些学者基于世代交叠模型，分析了我国货币政策、人口政策和房地产调控政策的适用性和政策效果（张世伟等，2004；吴信如等，2015；孙涛等，2016）。

2.2.2 将代际转移因素引入 OLG 模型

中国经济中的不同世代人（其微观表现就是家庭中"父母一代"与"年轻子女一代"）之间与西方市场经济国家情况比较，在研究劳动力代际行为时存在一个比较显著的差别，即我国家庭代际之间发生较高程度的代际转移。这种代际转移既包括财务方面，也包括非财务方面，如代际间的劳务性照料（包括"赡养"或"抚育"等行为）。因此，运用 OLG 模型研究我国年轻劳动力与年长劳动力的就业关系时需要将"代际转移"因素引入模型。这里借鉴 OLG 模型分析中"利他主义"理念中关于"馈赠"（bequest）因素的分析思路，将代际转移因素融入模型分析，即将 OLG 模型扩展到无穷视野的新古典增长模型形式，为后面章节实证分析提供理论支撑[①]。

[①] 戴维·罗默著，吴化斌、龚关译，高级宏观经济学（第四版）[M]. 上海：上海财经大学出版社，2014。

设人口增长率为 n，在 t 时期内出生人口为 L_t，则有：

$$L_t = (1+n)L_{t-1} \qquad (2-1)$$

按 OLG 基本模型假定每一代人只存在两期，则在 t 时期发生就业代际影响的两类人群规模为：

$$P = L_t + \frac{L_t}{1+n} \qquad (2-2)$$

其中，L_t 为年轻人口，$L_t/(1+n)$ 为年长人口。年轻人提供一单位劳动力，并将劳动收入分为现期消费与储蓄。年长人口退休不再为劳动力市场提供劳动，其消费来源于年轻时期的储蓄。我们用下标 1 表示年轻人口，用下标 2 表示年长人口，两代人的消费分别为 C_{1t} 和 C_{2t}，则在 t 时期常相对风险规避（coefficient of relative risk aversion，CRRA）效用函数为：

$$U_t = \frac{C_{1t}^{1-\theta}}{1-\theta} + \frac{1}{1+\rho}\frac{C_{2,t+1}^{1-\theta}}{1-\theta}, \quad \rho > 0, \quad \theta > 0 \qquad (2-3)$$

其中，ρ 为时间贴现率，当时间从 t 期跨越到 t+1 期时，年轻人则变成年长人群。假定在技术水平为 A，且其外省增长率为 g 的情况下，新古典增长模型的生产函数形式为：

$$Y_t = F(K_t, A_t L_t) \qquad (2-4)$$

$$A_{t+1} = (1+g)A_t \qquad (2-5)$$

我们定义 $\hat{k} = \frac{K}{AL}$，$\hat{y} = \frac{Y}{AL}$，于是上述生产函数密集型形式可以记作 $\hat{y}_t = f(\hat{k}_t)$。根据厂商利润最大化决定的工资率（w_t）与利率（r_t）水平为：

$$w_t = A_t[f(\hat{k}_t) - \hat{k}_t f'(\hat{k}_t)] \qquad (2-6)$$

$$r_t = f'(\hat{k}_t) - \delta \qquad (2-7)$$

其中，δ 为资本折旧率，则对于 t 世代人，其跨期预算约束为：

$$w_t = C_{1t} + \frac{C_{2,t+1}}{1+r_{t+1}} \qquad (2-8)$$

其中，右边为整个生命周期中消费的贴现值，则 t 世代人最大化问题的拉格朗日函数为：

$$\max L = \frac{C_{1t}^{1-\theta}}{1-\theta} + \frac{1}{1+\rho}\frac{C_{2,t+1}^{1-\theta}}{1-\theta} + \lambda\left[w_t - C_{1t} - \frac{C_{2,t+1}}{1+\gamma_{t+1}}\right] \qquad (2-9)$$

通过求解一阶条件并进一步推导可得均衡点（$\hat{k}^*$），即经济趋向于一个平衡增长路径：

$$\hat{k}^* = \left[\frac{1-\alpha}{(1+n)(1+g)(2+\rho)}\right]^{\frac{1}{1-\alpha}} \quad (2-10)$$

其中，α 是科布道格拉斯生产函数（$\hat{k}^\alpha$）的参数。当考虑代际转移因素，作为父母的年长一代和年轻子女一代之间就存在"财务"或"劳务"的赠与行为。设代际间的转移系数为 φ，则有 $\phi = \varphi - 1$，在 OLG 模型中 ϕ 被称作自私系数，此时 t 世代人的效用函数为：

$$U_t = \frac{C_{1t}^{1-\theta}}{1-\theta} + \frac{1}{1+\rho}\frac{C_{2,t+1}^{1-\theta}}{1-\theta} + \frac{1+n}{\varphi(1+\rho)}U_{t+1} \quad (2-11)$$

进一步整理，代际之间效用函数的一般形式为：

$$U_t = \sum_{i=0}^{\infty}\left[\frac{1+n}{\varphi(1+\rho)}\right]^i\left[\frac{C_{1,t+i}^{1-\theta}}{1-\theta} + \frac{1}{1+\rho}\frac{C_{2,t+i+1}^{1-\theta}}{1-\theta}\right] \quad (2-12)$$

此时，t 世代人的预算约束为：

$$C_{1t} + S_t = w_t + T_t \quad (2-13)$$

其中，S_t 为 t 世代人在时间 t 的储蓄，T_t 为 t 世代人在时间 t 获得的代际转移收入。因为代际转移区分为财务转移（M）和非财务转移（N）两部分，因此 t 世代人的预算约束可写为：

$$C_{2,t+1} + (1+n)(M+N) = (1+\gamma_{t+1})S_t \quad (2-14)$$

通过最大化问题求解可得经济中相邻两代人之间存在如下消费关系：$C_t = C_{1t} + \frac{C_{2t}}{1+n}$，而此时两代人的消费之比为转移系数 φ 的 $1/\theta$ 次幂，即 $\frac{C_{t+1}}{C_t} = \left[\frac{1+\gamma_{t+1}}{(1+\rho)\varphi}\right]^{1/\theta}$。

当 Δt 趋于 0 时，就得到无穷视野新古典增长模型的欧拉方程，此时经济中资本劳动要素满足 $K_{t+1} - K_t = F(k_t, AL_t) - C_T^1 - \delta k_t$，即无穷视野新古典增长模型的离散形式。在无穷视野情况下，任意两个相邻时期（从 t 到 t+1）代际消费存在如下关系：

$$\frac{C_{t+1}}{C_t} = \left(\frac{1}{\varphi}\right)^{1/\theta} \quad (2-15)$$

因为，此时 Δt 趋于 0，存在 $\gamma = \rho$ 的近似关系。式（2-15）告诉我们，在无穷视野新古典增长模型中，代际消费与代际转移之间存在着函数关系，这为后面进行实证模型检验提供了理论基础和模型构建依据。

2.2.3 关于劳动力就业代际影响关系的三个基本研究假设

在 2.2.2 节中，扩展 OLG 模型讨论结果表明，代际消费和代际转移是函数相关的。以上述分析为基础，为探究我国劳动力就业代际影响的特征和背后的主要机制，提出三个基本的研究假设，并在后续章节中做进一步验证。

假设Ⅰ：年长劳动力与年轻劳动力群体具有不同的技能结构和偏好特征，二者在就业与收入关系上存在显著差异，异质性是研究劳动力就业代际影响关系的逻辑前提。

劳动力就业的影响因素既包括其自身的人力资本禀赋和社会特征，还涉及地区经济发展和宏观就业环境的影响。年长劳动力与年轻劳动力群体的就业偏好和就业分类特征存在一定的差异，从而造成影响年轻劳动力和年长劳动力就业的主要因素存在差异。例如，年轻劳动力的年龄和知识、技术优势使该群体在就业时的选择具有优势空间，年长劳动力具备更丰富的工作经验，但存在健康人力资本递减明显的情况。研究中需借鉴国际上较为成熟的研究，利用 OECD 数据库和不同年龄组劳动力就业的国内外文献，分析各类划分标准依据，检验年长与年轻两类劳动力群体的就业特征差异。

假设Ⅱ：在劳动力市场机制中，年长劳动力与年轻劳动力群体存在既相替代又相促进的双向效应，促进就业的公共政策需做到精准化。

研究劳动力就业代际影响的劳动力市场机制，对年长劳动力就业增加如何影响年轻劳动力群体的就业进行进一步分析。将从竞争机制和促进机制两个方面探究年长劳动力就业对年轻劳动力就业产生影响的现实路径，其中竞争机制包括岗位占用效应和就业延迟效应，促进机制包括消费拉动、投资拉动和工作搜寻三种机制。在此基础上，分别使用行业和地区层面的数据，借助中介效应模型对竞争和促进两个方向的五种机制进行实证检验，以形成关于年长劳动力就业对年轻劳动力就业的劳动力市场机制的基本解释。

假设Ⅲ：通过家庭代际转移机制，父代对子代的就业存在着正激励效应与负激励效应，为我国家庭中广泛存在的"养老"和"啃老"现象提供了就业视角的考察。

分析劳动力就业代际影响关系的微观机理，解构我国家庭代际转移机制是关键，因为家庭中"父代—子代"关系构成了宏观经济中劳动力代际关系的微观基础。因此需要在对家庭代际财务转移和非财务转移机制进行理论框架分析的基础上，使用微观家户数据进一步量化分析我国家庭中代际财务转移是激励还是弱化了年轻子女的就业动机。除此之外，通过代际转移机制，父代就业是抑制还是促进了子代取得更高的收入水平？上述问题同样需要对家庭代际非财务转移机制做出检验。回答了这些问题后，可以基本形成关于我国家庭中"养老"和"啃老"现象与劳动力就业代际关系的内在机理判断，从而增加国家宏观就业促进政策的针对性与有效性。

第 3 章

年长与年轻劳动力的就业特征

3.1 概念界定

劳动力年龄组的划分不仅为劳动力老化程度提供基本的分析标准，而且是进行就业群体分析和队列分析的概念基础和前提。虽然就业率和劳动参与率早已有标准定义，但目前学术界对劳动力市场中年轻、年长劳动力的界定还未形成共识，国内外的学者们根据不同国家的人口健康素质条件和各自的研究目的设定了不同的划分标准。通过观察不同年龄组的就业率的变动可以分析劳动适龄人口在整个生命周期中的劳动参与情况。

3.1.1 年轻、壮年、年长（老年）劳动力的界定

按国际一般通用标准，15~64 岁的人口为劳动年龄人口，而我国国家统计局对劳动年龄的划分标准为男性 16 周岁以上 60 周岁以下，女性 16 周岁以上 55 周岁以下。在劳动适宜年龄区间内，OECD 就业数据库将年轻劳动力定义为 15~24 岁刚进入劳动力市场后的人，壮年劳动力定义为 25~54 岁为处于主要工作年龄的人，年长（老年）劳动力定义为 55~64 岁为通过职业生涯巅峰并即将退休的人。而以不同年龄就业群体间的关系为研究对象的相关文献中，对就业人员年龄组的划分却没有一致的标准。

从表 3-1 来看，国际上一般将 55~64 岁的就业人员划为年长劳动力，将 24 岁以下的就业人员划为年轻劳动力，但对年轻劳动力的年龄下限没有一致的认定。而由于我国法律规定的退休年龄有性别差异，国内学者对年长劳动力年龄范围的确定更加复杂。有的学者结合了国际上的做法和我国法定退休年龄的规定，对男性和女性使用统一的划分标准（岳立等，2016；于林月等，2017）。有的学者则更多考虑我国法定退休年龄规定，对男性和女性年长劳动力使用不同的划分标准（张川川等，2014；刘妮娜等，2014；张志远等，2016；刘阳等，2017）。一般地，女性 50 周岁，男性 55 周岁被认为是年长劳动力的年龄下限。对于年轻劳动力的划分，国内的研究一般将年龄上限划定为 25 周岁或 30 周岁，这和欧盟的很多地区政策对年轻人的划分标准是一致的。由于《中华人民共和国劳动法》和《未成年工特殊保护规定》禁止用人单位招用未满 16 周岁的未成年人，因而年轻劳动力的年龄下限最低为 16 周岁，而考虑到年轻一代受教育时间的延长和就业的推迟，不少学者将年轻劳动力的年龄下限设定为 20 周岁。

表 3-1　劳动力市场中的年轻、壮年、年长劳动力划分及其依据

来源	年轻（岁）	壮年（岁）	年长（岁）	划分依据
OECD 就业数据库	15~24	25~54	55~64	15~24 岁处于刚进入劳动力市场时期；25~54 岁处于主要工作年龄；55~64 岁通过职业生涯巅峰并即将退休
格鲁伯等（2009）卡维等（2010）	20~24	25~54	55~64	55~64 岁劳动力是潜在的提前退休人口
于林月（2017）	16~30	—	50 及以上	欧盟的多数地区政策对年轻人划分标准为 25 岁或 30 岁；中国法定退休年龄规定
岳立等（2016）	16~24	—	55 及以上	《中国统计年鉴》等数据资料对就业者年龄组的划分
张川川等（2014）	20~24	25~54（男）25~49（女）	55~64（男）50~59（女）	根据当前中国法定退休年龄规定，延迟退休年龄政策很可能将女性和男性的退休年龄分别延迟到 60 岁和 65 岁，因而 50~59 岁的女性和 60~64 岁的男性为延迟退休后继续工作的群体

续表

来源	年轻（岁）	壮年（岁）	年长（岁）	划分依据
张志远等（2016）	20~29	—	55~64（男） 50~59（女）	中国法定退休年龄男女不同
刘妮娜等（2014）	25~29	—	55~59（男） 50~54（女）	第六次全国人口普查数据显示城镇人口在业率16~25岁持续上升后保持稳定；年长劳动力定义为达到法定退休年龄而继续工作的人，中国法定退休年龄男女不同
刘阳等（2017）	20~24	—	60~64（男） 50~59（女）	20~24岁刚刚就业的年轻人由于工作经验少等原因最容易受到延迟退休政策的冲击；中国法定退休年龄男女不同

注：中国法定的一般退休年龄为：男干部和男职工年满60周岁，女干部年满55周岁，女职工年满50周岁（特殊情况除外）。

3.1.2 生命周期中年龄、性别和就业率的关系：国际经验

本小节中的生命周期是指和劳动参与密切相关的人生的各个重要阶段。在生命周期的不同阶段，劳动力的市场生产率（劳动工资）是不同的，就业与就学、家务劳动的比较生产率也是不同的。例如，青少年时期的就业回报较低，而就学所带来的人力资本积累在长期的回报更高。女性受结婚育儿因素等影响，如果在劳动力市场中的工资率回报低于其从事家庭生产（家务劳动、育儿等）带来的回报时，就会选择退出劳动力市场。个体的就业决策受到就学、结婚、育儿、转换工作和退休等人生重要节点的影响，因而适龄劳动力在各个年龄段的劳动参与率是不同的。

根据OECD提供的2016年OECD和欧盟成员国[①]就业数据，图3-1显示了生命周期中年龄、性别和就业率的关系。在一些国家如挪威，男性和女性的就业情况非常相似，在整个生命周期中，每个年龄组的就业率性别差距均小于7个百分点。同样地，在葡萄牙，55岁之前的每个

[①] 这里仅报告了具有典型特征的10个国家的各年龄段就业数据，全部国家数据参见附录二。

年龄组就业率性别差异小于 10 个百分点。

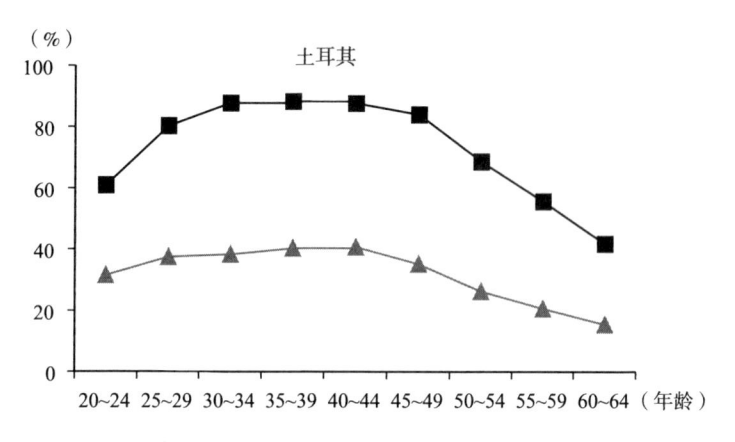

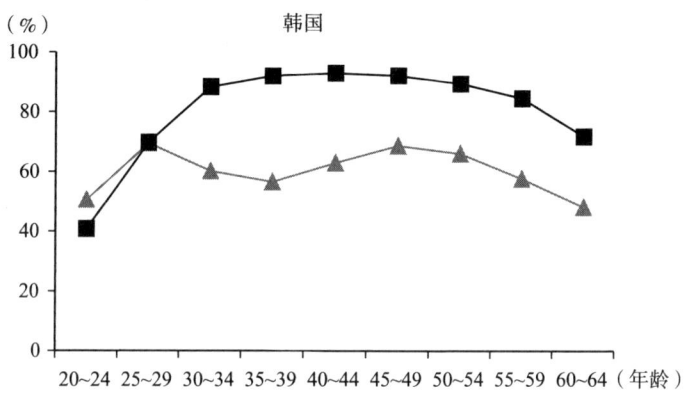

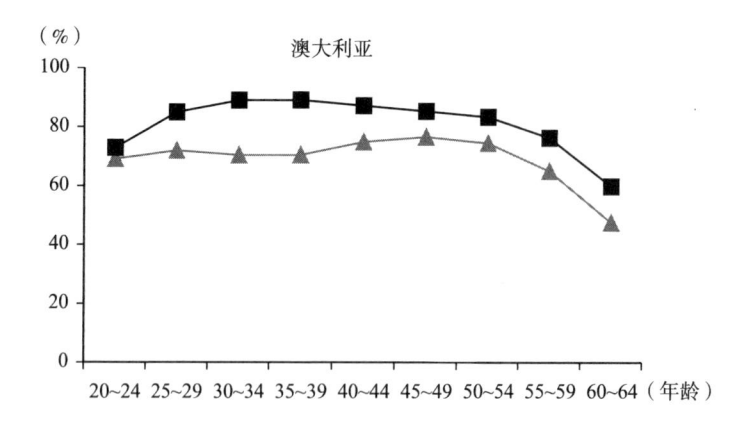

土耳其

韩国

澳大利亚

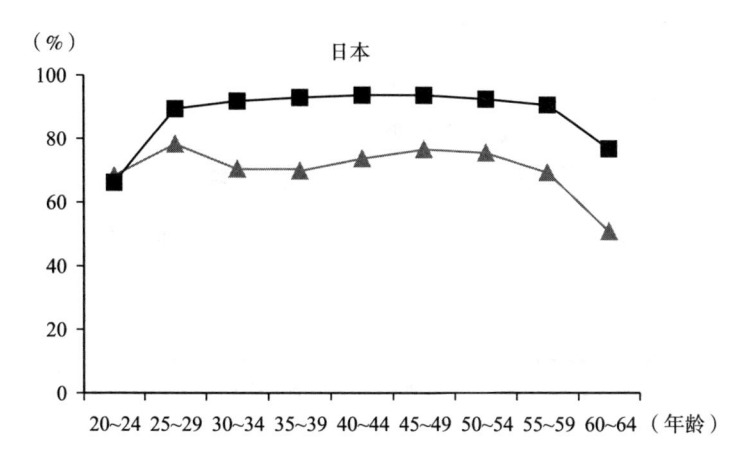

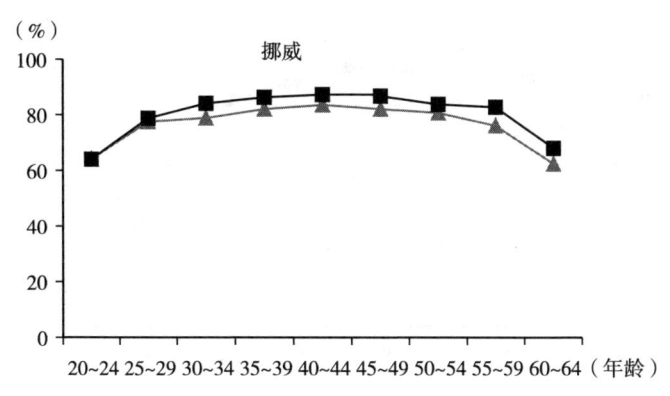

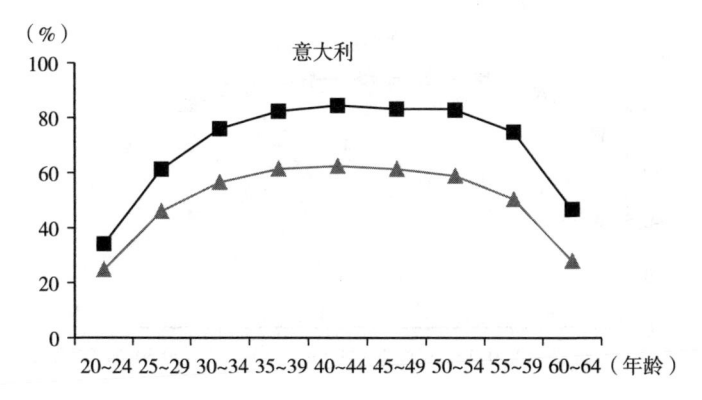

第 3 章 年长与年轻劳动力的就业特征 31

日本

挪威

意大利

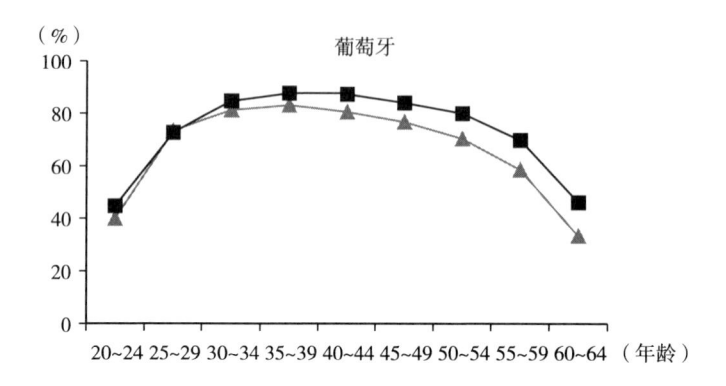

（%）　　　　　　葡萄牙
100
80
60
40
20
0
　　20~24 25~29 30~34 35~39 40~44 45~49 50~54 55~59 60~64（年龄）

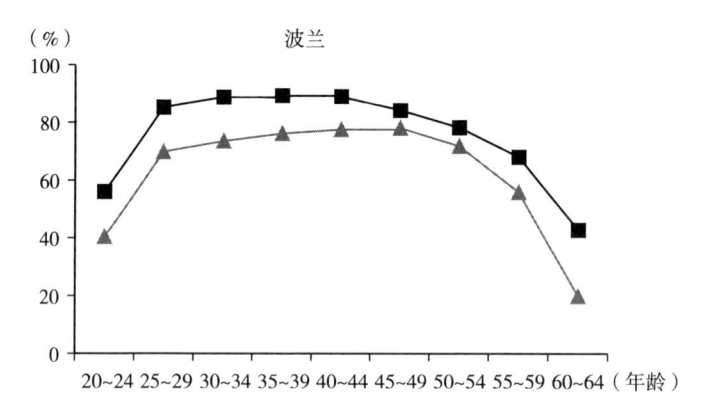

（%）　　　　　　波兰
100
80
60
40
20
0
　　20~24 25~29 30~34 35~39 40~44 45~49 50~54 55~59 60~64（年龄）

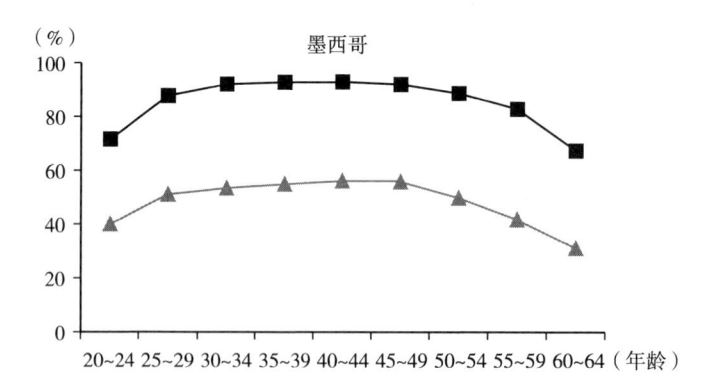

（%）　　　　　　墨西哥
100
80
60
40
20
0
　　20~24 25~29 30~34 35~39 40~44 45~49 50~54 55~59 60~64（年龄）

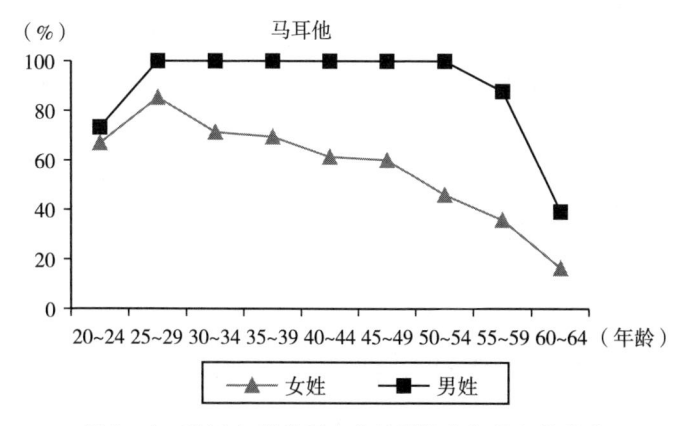

图 3-1 2016 年部分国家分性别的各年龄组就业率

资料来源：OECD 就业数据库。

在大多数国家，就业率在不同的年龄段表现出不同的性别差异特征。对于男性而言，整个生命周期中的就业情况通常呈倒 U 形。由于还没有完成教育，年轻男性（20~24 岁）的就业率往往很低，但在 25~39 岁普遍稳步上升，并在 40~49 岁保持稳定，然后随着年龄的增加和退休的到来不断下降。在几乎所有的 OECD 国家，男性就业率随着年龄的增加都不同程度地呈现出倒 U 形，且在南欧国家（意大利和葡萄牙等）和东欧国家（波兰等）最为明显。

与男性的劳动供给不同，女性的劳动供给在整个生命周期中更容易受到经济发展和非经济因素的影响，所呈现的特点比较复杂。

比如在一些 OECD 国家（如意大利和波兰），女性的"年龄—就业率"曲线与男性的"年龄—就业率"曲线类似，在略低于男性的就业率水平上呈现出与男性一致的倒 U 形。又如，在另一些国家（如墨西哥和土耳其），女性的就业率在整个生命周期中都保持在偏低的水平上，与男性的就业率水平差距较大。再如，在某些国家如马耳他，女性就业率在最初进入劳动力市场时比较高，但随着年龄增加就业率稳步下降。一旦达到 30 岁左右，女性退出劳动力市场就开始了，这表明在这些国家，有些妇女一旦成为母亲就退出劳动力市场，甚至在她们的子女长大后也不会重新进入。此外，在另外几个 OECD 国家如澳大利亚，女性年龄就业情况呈现 M 形：在 25~35 岁结婚组成家庭的年龄段内，女性就业率先上升后下降,而随着子女的成长,女性就业率在 35~39 岁之后再次反弹。女性就业率在生育年龄段的"下降"在韩国和日本尤为明显。克劳迪娅·戈尔丁等(Claudia Goldin et al.,2017)的研究发现从"50 后"一代开始,美国女性的就业生命周期曲线从倒 U 形转变为 M 形,而这一转变可以用工作本身的变化、事业的兴起、女性受教育水平的提高以及晚婚晚育来解释。

3.2 劳动力就业的分类与分层

年轻劳动力和年长劳动力不仅在就业率方面有着明显的数量差异和性别差异,而且在人力资本水平、所从事的行业、职业等方面均具有世代差异(age-cohort differences)。认为年长劳动力的就业会挤出年轻劳动力就业的一个重要理论假设就是不同年龄组的劳动者存在替代关系,而本小节使用纵向微观调查数据从教育水平、行业、职业、单位类型、工作方式、管理活动情况、就业地区等方面分析年轻和年长两个劳动力群体的分类与分层特征,从不同侧面分析年轻劳动力和年长劳动力的竞争性和互补性。本章所使用的数据主要来自 2010 年、2011 年、2012 年、2013 年和 2015 年 CGSS 纵向调查的居民问卷。该调查以城镇居民和农村居民为调查对象,调查内容涵盖了社会人口属性、迁移、健康、生活方式、社会态度、阶层认同、劳动力市场、社会保障、家庭等诸多方面。2010~2019 年是 CGSS 项目的第二期,2010~2015 年的数据可得且指标设计较为统一。这 5 年的数据抽样覆盖了 31 个省级行政区的 100 个县级单位及 5 大都市,样本分布于东北、华北、西北、西南、华南、华东地区,在地理位置和经济发展水平等方面均具有较为广泛的代表性。

借鉴 3.1 节列举的国内外学者对不同年龄组劳动力的划分标准,我们将 18 周岁以上、30 周岁以下的人员定义为年轻劳动力。一是由于随着受教育时间的延长,我国未成年工(16~18 周岁)所占比例很小,在 CGSS 数据中小于 18 周岁的样本数量也几乎为零。二是在我国完成中等教育(普通高中或中等专科)年龄一般在 18 周岁左右,而完成全日制研究生教育年龄一般在 30 周岁以内，因此 18~30 周岁能涵盖大部分工作初期（就业 3 年内）的年轻劳动力。三是根据 OECD 大多数国家就业的生命周期曲线，就业率在 20~30 岁持续上升，之后保持稳定。同时，年长劳动力的划分我们也对男女实行了不同的标准：55 周岁以上的男性和 50 周岁以上的女性，这主要是考虑到我国法定退休年龄的规定。没有使用年龄上限的原因是，即使在超过劳动年龄上限的人口中，也有一部分继续留在劳动力市场中，实际上也是劳动力人口。30~54 周岁的男性和 30~49 岁的女性被定义为壮年劳动力。一个年龄组在各特征分类的比例衡量为特定就业分类的人数占同一年龄组总人数的百分比。

3.2.1 教育水平特征

分性别的各年龄组劳动者的教育水平特征呈现出比较明显的性别协同，即同一个世代的男性和女性受教育程度差异不大，但不同世代的劳动者受教育程度差异则比较明显，这种趋势在高等教育（大专及以上）学历水平中表现更加显著。见图 3-2。

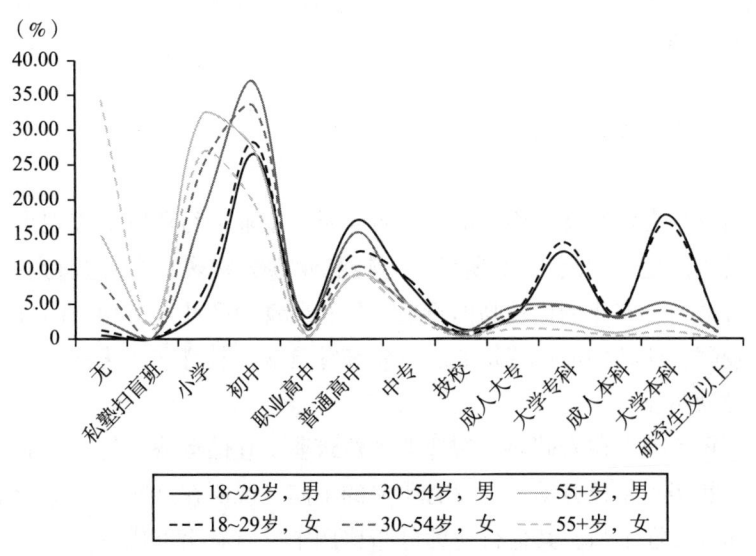

图 3-2 分性别的各年龄组教育水平特征

最高受教育程度为"无"（未受过任何教育）的主要是年长劳动力，特别是年长的女性，年轻劳动力文盲率几乎为零。年长劳动力最集中的受教育水平为小学，而壮年劳动力和年轻劳动力均为初中。在高等教育学历水平阶段，壮年劳动力的高等教育比例高于年长劳动者，但这两个群体在大专及以上各教育水平上的比例都在5%以下，而年轻劳动者在大专和本科受教育水平上的比例呈现出"双峰"值。对于壮年劳动力和年长劳动力，男性在任何不为"无"的受教育水平上的比例均高于女性，也就是说男性的受教育水平普遍高于女性。但这种特征在年轻劳动力上体现得并不明显，女性甚至在成人教育（大专和本科）、大专、研究生及以上受教育水平上的比例超过了男性。

综合以上分析可以发现我国劳动者的人力资本水平随着世代变迁逐步提升，体现在两个方面：一是劳动者的受教育水平不断提高，开始的阶段体现在文盲率的降低和所有受教育水平上的比例较为平均的上升，而新的年轻一代更多地体现在高等教育劳动者比例的提高。二是男性和女性的受教育程度趋于均衡，高等教育水平上的比例女性甚至开始超越男性。这说明年轻劳动力和年长劳动力在人力资本方面存在较大的异质性，替代性不强，即年轻劳动力受教育水平更高，具备更多的一般性技能，而年长劳动力的平均受教育水平偏低，掌握更多的与工作经验相关的专有技能。

3.2.2 行业特征

与受教育水平特征不同的是，各年龄组就业的行业特征表现出更多的世代协同性。如图3-3所示，男性和女性分别聚集在某些行业，而年长劳动力分布比例比较高的行业，年轻劳动力和壮年劳动力的分布比例也较高，这种特征在建筑业、批发和零售业、教育和文化艺术业中体现得尤为明显。

年轻劳动力在采矿业、制造业、建筑业、仓储运输等传统行业中的分布与壮年和年长劳动力并没有明显的不同，说明在这些行业中劳动力的代际替代性不强。其他行业的分布比例中可以看出世代变迁：比如男性年轻劳动力在农林牧副渔业中的分布比例仅为年长劳动力的一半，对于女性这一数字接近 1/3；年轻劳动力在公共管理和社会组织中的分布比例也明显低于壮年和年长劳动力。而无论男性还是女性，在金融业、服务业①、卫生体育和社会保障中的分布比例年轻劳动力比壮年和年长劳动力都要高。分性别来看，女性在建筑业、房地产业中的分布比例年轻劳动力比之前的两个世代都要低，而在批发和零售业、教育和文化艺术业中的分布比例年轻劳动力比之前的两个世代都要高；男性在教育和文化艺术业的分布比例中年轻劳动力比年长劳动力明显偏低，而在科研和技术服务业中的分布比例年轻劳动力又比年长劳动力高出 1 倍多。

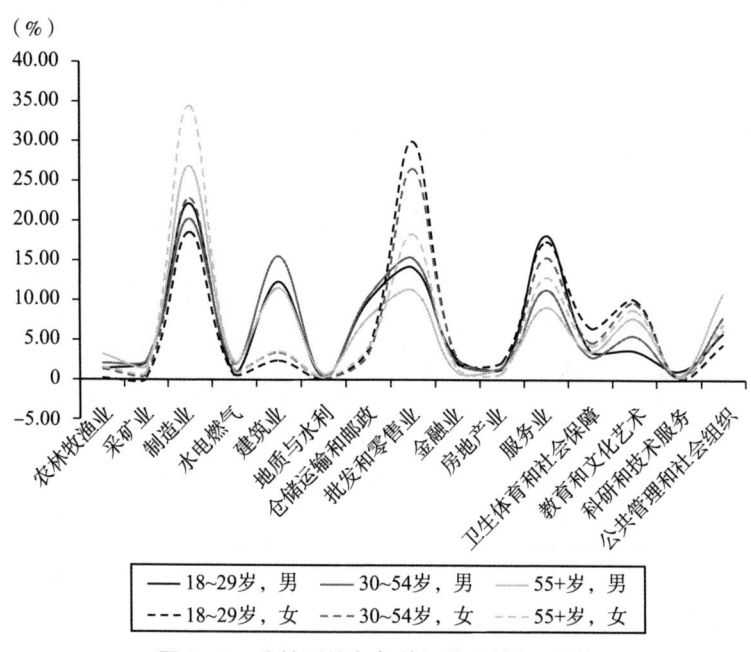

图 3-3　分性别的各年龄组就业的行业特征

表 3-2 整理出各年龄段就业群体分布最多的前三个行业。整体上看，不论是男性还是女性，年长劳动力分布最多的前三个行业和壮年劳动力、年轻劳动力基本相同，不同年龄组的劳动力群体在主要行

---

① 不同于国民经济行业分类，CGSS 的服务业包括公共设施服务业、居民服务业、旅馆业、租赁服务业、旅游业、娱乐服务业、信息咨询业、计算机应用服务业和其他社会服务业。

业分布方面表现出较强的互补性。但随着世代的变迁，建筑业从男性就业最多的三大行业中逐步退出，年轻的男性劳动者更多地从事服务业。而女性也逐步从以制造业就业为主转变为以批发和零售业就业为主，服务业的就业比例随着世代变迁逐渐提升。可以看出，不论是男性还是女性，制造业的就业比重都随着世代变迁逐步降低，反之，服务业的就业比重正逐步升高。这一结论也从行业就业比重的世代变迁角度印证了配第－克拉克定理：随着人均实际收入的提高，劳动力在三次产业中的分布存在着依次此消彼长的演进规律，即劳动力将首先从第一产业流向第二产业，然后再从第二产业流向第三产业（于刃刚，1996）。

表3-2　　　　按年龄性别分的分布最多的三个行业

序号	男			女		
	18~29岁	30~54岁	55岁以上	18~29岁	30~49岁	50岁以上
1	制造业	制造业	制造业	批发和零售业	批发和零售业	制造业
	22.17%	20.25%	26.90%	30.01%	26.59%	34.51%
2	服务业	建筑业	建筑业	制造业	制造业	批发和零售业
	18.16%	15.53%	11.54%	18.77%	22.80%	18.31%
3	批发和零售业	批发和零售业	批发和零售业	服务业	服务业	服务业
	14.15%	15.31%	11.31%	17.37%	15.38%	12.91%

3.2.3 职业特征

职业是体现个体经济社会地位和劳动力人口就业分层的重要指标，我们进行职业划分依据的是1988年国际职业标准分类（ISCO88），所有工作被分成10大类（最后一类为军人，所用数据不涉及），这些所谓的"大类别"（major group）是根据行业类别和所需的技能水平（根据国际标准教育分类ISCED）组织起来的，见表3-3。

表 3-3　　　　　　　分性别的各年龄组就业的职业特征　　　　　　单位：%

人员类别	ISCO技能水平	男 18~29岁	男 30~54岁	男 55岁以上	女 18~29岁	女 30~49岁	女 50岁以上
立法者、高级官员和管理者	—	7.40	10.91	10.36	4.54	7.02	5.53
专业人员	4级	9.57	8.87	9.54	17.65	12.99	8.33
技术人员和专业人员助理	3级	14.89	9.61	7.26	14.12	9.93	6.49
一般职员	2级	8.15	6.61	6.03	18.32	13.24	9.21
服务人员和商店销售人员	2级	20.22	16.43	14.23	31.09	29.71	30.88
熟练的农业和渔业工人	2级	0.47	1.04	2.05	0.11	0.87	2.63
工艺及相关行业的工人	2级	17.62	19.31	16.86	6.67	9.60	8.42
厂房及机器操作员和装配员	2级	14.18	15.07	9.43	3.64	5.25	4.82
初级职员（非技术工人）	1级	7.49	12.14	24.24	3.87	11.38	23.68

年轻劳动力在"立法者、高级官员和管理者"中的比例不论男女均略低于年长劳动者，可能的原因是这类工作需要更多与工作经验相关的专业技能。而在需要较高技能水平的"专业人员"和"技术人员和专业人员助理"等职业中所占的比例，年轻劳动力均不低于年长劳动力，甚至还要更高一些。年轻劳动力和年长劳动力在中等技能水平（2级）职业中的分布非常相似，但年长劳动者有更大的比例从事初级工作，且明显高于年轻劳动力。由此可以看出，在中等技能水平的职位上，不同年龄组劳动力的替代性不强，但在较高技能水平的职位上年轻劳动者更具有竞争力，年长劳动者则更多地从事低技能水平的职位。可能的原因有两个：一是由于现阶段我国年轻劳动力和年长劳动力的人力资本禀赋存在明显差异（见图 3-2）；二是在工作任务的完成中，与工作经验相关的专业技能、与教育水平相关的一般技能存在一定的替代性，但在需要高等技能水平的职位上这种替代作用是有限的。

3.2.4 管理特征

根据参与管理活动的情况,CGSS 将就业人员分为四类,我们将"只管别人、不受别人管理"的劳动者定义为高层管理人员,将"既管理别人,又受别人管理"的劳动者定义为中层和基层管理人员,"只受别人管理,不管理别人"的定义为被管理人员,"既不管理别人,又不受别人管理"的劳动者定义为非管理人员。其中,被管理人员一般为基层员工,非管理人员一般为自雇用的自由职业者和农业自雇群体。

从表 3-4 可以看出,不论是男性还是女性,壮年劳动力担任管理人员的比例均高于年轻和年长劳动力,而年轻和年长劳动力在管理人员中的分布比例没有明显的差异,这说明,年长劳动力和年轻劳动力在参与管理活动方面不存在显著的竞争性。进一步地,我们从管理幅度的角度考察各年龄组参与管理活动的情况,由于不受就业单位规模和组织架构形态的影响,管理幅度比管理层级更能体现管理者的个人素质和能力。

表 3-4　　　　　分性别的各年龄组的管理层级　　　　单位:%

人员类别	男			女		
	18~29 岁	30~54 岁	55 岁以上	18~29 岁	30~49 岁	50 岁以上
高层管理人员	5.33	9.02	5.87	4.36	5.87	3.59
中层和基层管理人员	15.93	22.74	20.28	11.26	15.99	13.71
被管理人员	52.90	47.15	59.20	53.49	56.69	68.44
非管理人员	25.84	21.09	14.64	30.89	21.46	14.26

表 3-5 的数据结果显示,不论是男性还是女性,年长劳动力的管理幅度在 50 人以上的比例显著高于其他两个年龄组。相应地,年轻劳动力的管理幅度比年长劳动力更多地集中在 1~3 人。而在中等管理幅度(4~50 人)的岗位上,年轻劳动力和年长劳动力的分布比例大体相当,互补性更强。尽管从管理层级上年轻劳动力和年长劳动力之间的替代性不强,但由于管理活动不仅与管理手段的科学化、现代化程度有

关，还与规划统整、沟通协调、决策执行等能力有关，而这些能力是随着工作经验的积累而不断发展的，并且我国传统文化中对长者的敬重使年长劳动力在管理工作中威望更高，因而更容易担任管理幅度较大的岗位。

表 3-5　　　　　　　　分性别的各年龄组管理幅度　　　　　　　单位：%

人数	男			女		
	18~29岁	30~54岁	55岁以上	18~29岁	30~49岁	50岁以上
1~3人	31.02	25.12	23.44	42.36	32.01	30.54
4~6人	22.81	20.21	18.10	21.53	21.55	13.77
7~10人	17.15	16.83	11.57	13.54	13.78	12.57
11~20人	13.87	15.76	15.13	11.11	12.40	16.17
21~50人	9.31	11.83	12.17	6.60	10.27	8.38

3.2.5　其他特征

从各年龄组的单位类型来看，男性年长劳动力在"铁饭碗"单位党政机关、事业单位的就业比例分别为6.12%和13.27%，而对于男性年轻劳动力这两者比例之和还不到13%，见表3-6。年轻劳动力有一半以上选择受雇于各类企业，而年长劳动力的就业重心更倾向于自雇或自办企业。

表 3-6　　　　分性别的各年龄组就业的单位类型特征　　　　单位：%

单位类型	男			女		
	18~29岁	30~54岁	55岁以上	18~29岁	30~49岁	50岁以上
党政机关	3.91	5.22	6.12	1.96	2.93	3.86
企业	52.12	40.40	36.49	52.63	41.93	31.45
事业单位	8.60	12.29	13.27	15.32	16.59	14.02
社会团体	1.26	1.04	3.18	1.62	2.31	3.86
自雇或自办企业	33.61	40.88	40.64	28.41	36.12	46.81
军队	0.51	0.18	0.30	0.06	0.12	0

从工作方式特征来看，相对来说年轻劳动力更多地从事全职工作，而年长劳动力兼职工作的比例更高，见表3-7。年轻劳动力参加工作时相比年长劳动力更多地考虑未来的职业生涯规划、事业发展等，因而更多地选择持续性更好、前景可预测的全职工作，而年长劳动力临近退休或已经退休，仍然留在劳动力市场中的原因一是为了取得收入，二是为了个人兴趣和发挥余热，因此选择时间灵活、形式多样化的兼职工作比例更大。

表3-7　　　　　分性别的各年龄组就业的工作方式特征　　　　　单位：%

工作方式	男			女		
	18~29岁	30~54岁	55岁以上	18~29岁	30~49岁	50岁以上
全职工作	89.12	88.44	82.79	92.23	89.70	81.39
非全职工作	10.88	11.56	17.21	7.77	10.30	18.61

各年龄组就业地区分布特征的性别差异不大，总体上看年轻劳动力在城市（市区、市郊）的就业比例显著高于壮年劳动力和年长劳动力，即使在城乡接合部就业的比例也相对较高，壮年劳动力和年长劳动力则更多地分布在乡镇和农村，见表3-8。数据显示的结果和我国改革开放以来大规模的劳动力流动现象是吻合的：受城市高工资率的吸引，年轻劳动力从农村涌入城市，而家庭养老需求和叶落归根的传统观念又影响着年长的劳动力返乡就业。这也从侧面体现出年轻劳动力在城市就业更有竞争力，与年长劳动力的替代性较强。

表3-8　　　　　分性别的各年龄组就业的地区特征　　　　　单位：%

就业地区	男			女		
	18~29岁	30~54岁	55岁以上	18~29岁	30~49岁	50岁以上
市区	43.76	34.81	31.10	40.75	34.71	34.78
市郊	14.18	12.47	9.94	15.09	12.92	11.31
城乡接合部	9.19	8.72	6.80	7.83	7.86	6.55
乡镇	4.83	6.11	4.80	4.79	6.34	3.92
农村	28.04	37.89	47.36	31.55	38.16	43.44

3.3 我国劳动力对就业的偏好特征

经济社会文化环境的变迁不仅影响着不同世代劳动力的就业分类与分层状况，还通过社会风气和价值观影响劳动力的就业偏好。而这些存在于意识形态中的就业偏好又直接影响劳动力的就业结果。本小节使用包含东亚社会调查（EASS）模块和国际调查合作计划（ISSP）模块的 CGSS2015 数据从工作回报、工作时间和收入、创业、工作方式、工作转换等几个方面分析年长劳动力和年轻劳动力的就业偏好特征。

3.3.1 对工作回报的偏好

一般来说，劳动力就业的目的和意义主要表现在三个方面：一是取得经济收入，维持就业者及其亲属正常的生活消费；二是个体融入社会生活的需要，就业是人们和其他社会成员取得紧密关联，在社会网络中找到自己位置的重要途径；三是自身发展和实现个人价值的需要，就业有助于劳动者职业能力的提高和个人全面发展。有关就业择业时对工作回报的偏好，CGSS2015 个人问卷中"人们希望从工作中得到一些好处或回报。在下列这些工作回报中，您最希望获得的是哪一个？"将工作回报细分为 11 种：高收入、长期保障、社会声望、职权、个人兴趣、升迁机会、工作时间短、拓宽社会关系、为社会服务、发挥才智、自由运用的时间多。

图 3-4 描述了各年龄段的劳动力对工作回报偏好的特点。可以看出，高收入是绝大多数劳动者在就业择业时首要考虑的因素，其次是工作带来的长期保障，这体现出对就业稳定性的偏好。在与工作相关的职权、工作时间短、自由运用的时间多等方面的偏好上，各性别和年龄组的劳动力差异不大。相对来说，年轻劳动力更加看重工作带来的高收入、个人兴趣、升迁机会、拓宽社会关系、发挥才智等方面的回报，体现出多元化的就业观，对长期保障、社会声望的偏好较弱。而年长劳动力更加偏好就业的稳定性、和工作相关的社会声望、通过工作为社会服

务等方面，而对高收入、个人兴趣、升迁机会、拓宽社会关系、发挥才智的偏好相对更弱。

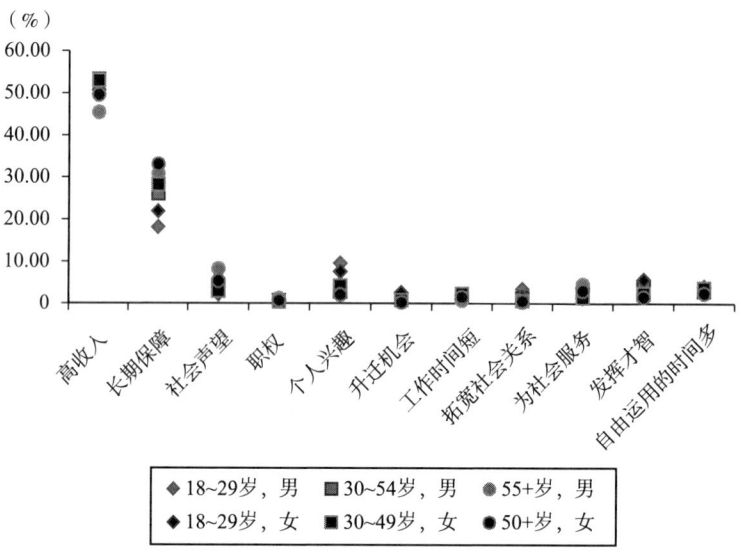

图3-4 分性别年龄的劳动力对工作回报的偏好特征

3.3.2 对创业的偏好

自2014年新的一轮创业热潮被掀起，我国的创业环境出现了少有的开放和宽松态势，这样的政策背景促使创业愈加成为就业的一种重要方式，创业者通过整合多方面的资源不仅可以促进自身就业，还可以更多地承担社会责任，为社会创造更大的价值，产生较强的正外部性。从CGSS2015个人问卷中"如果有机会和资源，您是否会去创业？"一题的数据中可以看出劳动者对创业的偏好强度。我们将回答为"说不清可不可能"创业的偏好状态定义为0级偏好，"非常不可能""很不可能""不太可能"、分别定义为-3~-1级偏好；"有可能""很可能""非常可能"分别定义为1~3级偏好。

各年龄段劳动力对创业的偏好情况见表3-9，从表中可以看出，年龄的增长限制了劳动力的创业偏好。即便是在有机会和资源的条件下，有创业意愿（偏好等级为1~3级）的年长劳动力也不到1/3，而有创业意愿的年轻劳动力则占到了绝大多数（男性 90.76%，女性 80.99%）。年轻劳动力有较强的创业偏好原因是多方面的：一是年轻劳动力自我实现的意愿强烈，对完成职业生涯目标有着更强的热情和动力；二是受教育水平更高，技术及科技禀赋更好，也更易把握新的行业信息；三是试错成本低，年轻人的家庭负担较轻，对风险更加偏好。而年长劳动力的创业意愿较弱，除了相比年轻劳动力更倾向于规避风险之外，社会经验和职业经历的积累也使他们面对创业的机会和资源时表现得更为理性。

表3-9 分性别年龄的劳动力对创业的偏好特征 单位：%

偏好等级	男			女		
	18~29岁	30~54岁	55岁以上	18~29岁	30~49岁	50岁以上
-3级	1.54	4.09	23.15	0.83	5.57	21.30
-2级	0.77	2.45	14.47	3.31	4.64	9.87
-1级	1.54	9.26	20.58	5.79	15.17	30.94
0级	5.38	10.63	10.61	9.09	8.98	11.66
1级	26.92	26.43	13.50	33.06	24.77	13.23
2级	25.38	26.70	10.29	31.40	20.12	7.40
3级	38.46	20.44	7.40	16.53	20.74	5.61

3.3.3 对工作方式的偏好

随着技术进步和产业结构的变迁，劳动力市场中的工作种类越来越丰富。除了相对长期而稳定的全职工作，工作时间和地点更为灵活的兼职工作呈现出更加多样化的特点。例如，越来越多的劳动者同时拥有两份工作，兼职工作的类型主要有网店店主、作家、活动组织者、私人教师、驾驶员、模特和庆典司仪等。对于问题"假设您现在可以自己做决定，您会选择以下哪一种工作方式？"，各年龄段劳动力在全职和兼职的偏好上并没有显著差异（见表3-10）。70%左右的劳动者更倾向于从事一份全职工作，而对于兼职，更多的劳动者偏好时间较短（少于10小时）的工作。这是由于从事兼职工作的目的主要是：改善生活、缓解经济压力；提升实践能力、积累工作经验；充实闲暇时间，发挥自身价值等。因而工作时间短而灵活的兼职更受偏好。

表3-10　分性别年龄的劳动力对全职和兼职的偏好特征　　　单位：%

全职、兼职	男			女		
	18~29岁	30~54岁	55岁以上	18~29岁	30~49岁	50岁以上
全职工作	69.52	78.19	77.30	77.39	68.35	69.42
每周超过10小时的兼职	7.62	6.54	6.44	11.30	9.24	5.34
每周少于10小时的兼职	20.00	14.02	13.80	11.30	20.73	21.12
不做有报酬的工作	2.86	1.25	2.45	0	1.68	4.13

对于"工资—闲暇"偏好的考察，CGSS问卷设计的问题为"就您工作的时间（包括定期的加班）和收入来说，如果有下面三个选择，您会选择哪一个？"从表3-11的统计结果来看，显然年轻劳动力比父辈更倾向于付出更多的闲暇来取得高报酬。这主要是由于工作时间的决策受到劳动者的财富和工资率的影响。经典的劳动供给理论认为劳动供给量随着工资率的上升先增加后减少，而一般来说劳动工资水平随着年龄的增加先上升然后保持稳定或略有下降，年长劳动力的工资水平相比年轻劳动力较高，且对工作的高收入回报偏好较弱（见图3-4），加之健康状况偏低需要更多的闲暇，因此年长劳动力更加偏好工作时间相对较短但报酬较少的工作方式。

表3-11　分性别年龄的劳动力对"工资—闲暇"的偏好特征　　　单位：%

工资—闲暇	男			女		
	18~29岁	30~54岁	55岁以上	18~29岁	30~49岁	50岁以上
时间长报酬多	59.38	43.91	42.50	39.06	38.74	34.52
与现在相同	39.06	51.30	48.75	50.00	55.41	58.33
时间短报酬少	1.56	4.78	8.75	10.94	5.86	7.14

3.3.4 对转换工作的偏好

转换工作分为主动和被动两种,主动转换被通俗地称为"跳槽",一般来说积极意义上的跳槽是对社会需要、职业发展前景和个人才能的认真审视下对个人目标的理性选择。被动转换工作也称为被"炒鱿鱼",警示了从业者的职业技能和工作岗位的不匹配。CGSS2015 对受访者主动转换工作的偏好进行了考察,我们把对"总的来说,在未来 12 个月内,您会不会试着到其他单位找工作?"回答为"非常可能"的样本的主动转换工作偏好定义为"强",将回答为"有可能"的定义为"中等",回答"不太可能"和"非常不可能"的分别定义为"弱"和"无",各年龄段劳动力的主动转换工作偏好情况如表 3-12 所示。

表 3-12　　分性别年龄的劳动力对主动转换工作的偏好特征　　单位:%

等级	男			女		
	18~29 岁	30~54 岁	55 岁以上	18~29 岁	30~49 岁	50 岁以上
强	3.03	3.63	2.56	6.78	0.53	2.44
中等	34.85	14.51	10.26	38.98	18.72	14.63
弱	42.42	51.30	41.03	40.68	51.87	41.46
无	19.70	30.57	46.15	13.56	28.88	41.46

可以看出,主动转换工作的偏好主要与世代相关,性别差异不大。有大于 1/3 的年轻劳动者对转换工作的偏好为中等以上,而 80%~90% 的壮年劳动力和年长劳动力对主动转换工作持保守态度。可能的原因有:一是工作转换在职业生涯初期发生的概率比较高,年长的劳动者大多已经历过工作的转换和调整;二是年长者更多地对转换工作持负面认识,认为是"瞎折腾"、是"缺乏职业精神和职场定力"的表现;三是年轻人劳动力不再将最初的工作视为稳定和唯一的归宿,而年长劳动力则更加偏好工作的稳定性(见图 3-4)。

本小节的分析结果显示,年轻劳动力和年长劳动力在就业的主观偏好层面有一定的差异。比如，年轻劳动者就业时，更偏好高收入、个人兴趣、升迁机会、拓宽社会关系、发挥才智等方面的回报，而年长劳动力则更加看重就业的稳定性、社会声望、为社会服务等方面。面对创业的机遇时，年轻劳动力的创业意愿和行动力更强。虽然对全职和兼职的偏好年轻和年长劳动力并没有显著不同，但年长劳动力更倾向于工作时间短而报酬相对较少的工作，体现出对闲暇的偏好，且年长劳动力对主动转换工作的意愿较弱。总体来看，年长劳动者对就业的主观偏好类型为"保障和稳定"，而年轻劳动力的偏好类型为"变动和挑战"。

3.4 两群体劳动力就业和劳动收入的影响因素

一般来说，劳动力就业的影响因素不仅包括其自身的人力资本禀赋和社会特征，还受到区域发展差距和整体就业环境的影响。不同年龄群体的劳动力的就业偏好和就业分类特征存在一定的差异，这也使影响年轻劳动力和年长劳动力就业择业时的主要因素可能会有所不同。对于年轻劳动力而言，年龄和知识技术上的优势使得他们在就业时选择的余地更大。而年长劳动力无论是在原有岗位上工作更长时间，还是退休之后再就业，都会更多地受到其健康状况的影响。厘清两类劳动力群体就业的主要影响因素是分析他们之间劳动力同质性和差异性的重要途径，是探究两群体劳动力就业竞争性和互补性的基础。

3.4.1 变量、描述性统计和经验分析策略

本节通过面板数据回归分析和比较年轻劳动力和年长劳动力就业的影响因素，数据主要来源于 2010 年、2011 年、2012 年、2013 年和 2015 年 CGSS。借鉴 OECD 对就业的认定标准，我们将工作状态为"上一周从事了一小时以上的有薪劳动""带薪休假，学习、临时停工或季节性歇业""停薪休假，学习、临时停工或季节性歇业"均定义为就业（取值为 1，反之取值为 0）。收入水平为按年计算的劳动收入，单位为

元。教育水平①为有序分类变量。是否党员是指个体是否是共产党员。自评健康状况统计时采用5级打分法，1表示很不健康，5表示很健康。很多学者认为户籍制度对社会分割和就业歧视的影响不容小觑，所以我们控制了户口，并将蓝印户口和以前是非农业户口现在是居民户口的情况均归为非农业户口，以前是农业户口现在是居民户口的归为农业户口。婚姻状况按实际有无配偶状况来定义，即未婚、离婚和丧偶取值为0，同居和已婚取值为1。由于随着城市化进程的推进，城乡劳动力流动达到了前所未有的规模，户籍已不能反映出个体真实的居住和就业的城乡属性，因而将样本所在地区的城乡分类加入模型（城市=1，农村=2）。同时，劳动年龄人口的就业状况可能受到地区宏观经济状况的影响，我们使用《中国统计年鉴2017》中的国内生产总值（gross domestic product，GDP）增速和居民消费水平两个宏观指标对微观个体数据进行了匹配，由于CGSS的地区代码只披露到省级层面，因此这两个指标均是省级指标。

从表3-13中变量的描述性统计情况可以看出，年轻劳动力比年长劳动力的就业率高7个百分点，总体差距不大，但年轻劳动力的平均工资水平是年长劳动力的2倍以上。年轻劳动力的受教育水平整体高于年长劳动力，这和图3-2的分析结论是一致的。从性别比、户口分布、城乡分类以及地区经济特征（GDP增速、居民消费水平）的统计结果来看，样本分布的代表性较好。而年轻劳动力的健康状况优于年长劳动力，未成年子女数量较多，已婚和同居的比例低于年长劳动力，统计结果也基本符合预期。

表3-13　　　　　　　　　　变量的描述性统计

变量	年轻劳动力		年长劳动力	
	均值	方差	均值	方差
工作状态	0.51	0.50	0.44	0.50

---

① CGSS数据库中，教育水平的取值为：1没有受过任何教育；2私塾、扫盲班；3小学；4初中；5职业高中；6普通高中；7中专；8技校；9大学专科（成人教育）；10大学专科（正规教育）；11大学本科（成人教育）；12大学本科（正规教育）；13研究生及以上。

续表

变量	年轻劳动力 均值	年轻劳动力 方差	年长劳动力 均值	年长劳动力 方差
收入水平	21771.95	42347.50	10004.56	31925.81
性别（男=1，女=2）	1.52	0.50	1.50	0.50
年龄	24.05	3.33	56.92	3.77
教育水平	7.28	3.29	4.01	2.28
是否党员（是=1，否=0）	0.74	0.44	0.68	0.47
自评健康	4.10	0.99	3.36	1.08
户口（农业=1，非农=2）	1.45	0.57	1.45	0.56
未成年子女数	1.18	0.56	0.07	0.32
婚姻状态	0.45	0.50	0.89	0.31
城乡分类	1.69	0.46	1.55	0.50
GDP增速	7.21	2.36	7.44	2.04
居民消费水平	23551.74	11027.73	23260.36	10969.87

经验分析中，我们从三个层面上讨论影响劳动力就业和劳动收入的因素：个人、家庭和地区，并分别对年轻劳动力和年长劳动力进行回归。对两群体就业的影响因素分析时，我们估计如下方程：

$$Employ_i = \alpha_0 + \alpha_1 S_i + \alpha_2 F_i + \alpha_3 D_i + \varepsilon_i \quad (3-1)$$

其中，$Employ_i$ 为年轻或年长劳动力的工作状态，S_i 为个人特征变量（性别、年龄、教育水平、政治面貌、健康状况、户口），F_i 为家庭特征变量（未成年子女数、婚姻状态），D_i 为地区特征变量（城乡分类、GDP增速、居民消费水平），i 表示在个体层面上定义的观测值。由于被解释变量为二值选择变量，因而使用面板 Probit 模型进行估计。对两群体劳动收入的影响因素分析时，我们估计如下模型：

$$\ln w_j = \beta_0 + \beta_1 S_j + \beta_2 F_j + \beta_3 D_j + \mu_j \quad (3-2)$$

式（3-2）是根据明瑟经典方程进行扩展的模型，其中，$\ln w_j$ 为个体 j 劳动收入的对数，S_j、F_j 和 D_j 分别为个人、家庭和地区特征变量，由于数据受限故未将户口和婚姻状态包含在模型中。为了比较，我们分别考察了式（3-2）的固定效应模型和随机效应模型。

3.4.2　两群体劳动力就业的影响因素

我们在回归模型中依次加入个体特征变量、家庭特征变量和地区特征变量。表3-14的第2～4列的估计结果显示，年轻劳动力的就业状况受其个人特征影响显著。其中，男性的劳动参与概率显著大于女性。对于年轻劳动力群体，随着年龄的上升就业的概率升高。教育水平较高、政治面貌为党员、非农业户口的年轻劳动力就业的概率更大，而多数模型中的回归结果显示，健康状况对就业的影响并不显著。家庭特征方面，年轻劳动者是否就业受未成年子女数量影响不大，但有配偶（或同居）的人就业的概率显著高于无配偶的群体，这是由于刚刚步入婚姻家庭生活的年轻人，处于家庭"建设期"，因而有配偶的年轻人就业概率更高，而无论未成年子女数量如何，对家庭的初期建设包括动产和不动产的投资都是无法避免的，因此其对年轻人的就业与否影响不大。地区特征方面，居住在城市的年轻劳动者就业的概率更高，这是由于城市中非农工作的机会更多的缘故，而GDP增速、居民消费水平对年轻人就业概率的影响不是很显著。由此可以看出，年轻人的就业是刚需，经济发展水平不同的地区年轻人就业概率的差距不大。

表3-14第5～7列中可以看出，就业人员的个人特征方面，男性、年龄较低、政治面貌为党员、健康状况较好、农业户口的年长劳动力就业的概率更高，而多数模型的回归结果表明，教育水平不是显著影响年长劳动力就业与否的因素，即便在第7列的模型中回归系数在1%的水平上显著，估计系数的绝对值也明显低于年轻劳动力。家庭特征方面，如果家中有未成年子女，年长劳动者更倾向于选择不就业，而婚姻状态对年长劳动者的就业状态影响并不显著。这可能是由于随着年龄的增长，配偶间的互动关系呈现稳定状态，且主要经济支出为养老而非家庭初期建设，因而是否有配偶不再是年长者进行就业决策和企业进行招聘决策时主要考虑的因素。地区特征方面，居民消费水平较高、GDP增速较低的城市地区，年长劳动力从事有偿生产的概率越低。一是由于在经济发展水平较高地区，社会保障特别是养老保障的平均水平较高，而经济水平相对较差地区的年长劳动者为了维持正常生活开支和积累养老资

源不得不选择继续就业。二是城市就业人员的就业决策受我国法定退休年龄制度的影响更大,达到退休年龄的正规部门就业人员有更大概率选择退休,而农村劳动者则更倾向于"终身"就业,直到身体状况不允许继续劳动时才退出劳动力市场。

表 3-14　　　年轻和年长劳动力就业影响因素的基础回归

自变量	年轻劳动力 (1)	年轻劳动力 (2)	年轻劳动力 (3)	年长劳动力 (1)	年长劳动力 (2)	年长劳动力 (3)
性别	-0.413*** (-12.70)	-1.204*** (-3.35)	-1.172*** (-12.55)	-0.666*** (-30.61)	-0.646*** (-22.77)	-0.625*** (-21.65)
年龄	0.112*** (22.73)	0.031 (1.53)	0.031* (1.74)	-0.060*** (-43.23)	-0.060*** (-31.66)	-0.060*** (-31.40)
教育水平	0.023*** (4.11)	0.121*** (3.10)	0.120*** (6.73)	0.001 (0.27)	0.005 (0.74)	0.028*** (3.94)
是否党员	0.507*** (33.50)	0.784*** (3.46)	0.768*** (18.40)	0.364*** (42.69)	0.433*** (41.13)	0.446*** (41.52)
健康状况	-0.044*** (-2.71)	-0.039 (-0.74)	-0.037 (-0.73)	0.073*** (7.86)	0.089*** (7.28)	0.111*** (8.86)
户口	0.066** (2.11)	0.212* (1.81)	0.176* (1.65)	-0.764*** (-33.65)	-0.860*** (-26.55)	-0.447*** (-11.43)
未成年子女数		-0.043 (-0.54)	-0.035 (-0.45)		-0.104** (-2.26)	-0.107** (-2.27)
婚姻状态		0.986** (2.47)	0.994*** (3.86)		0.057 (1.54)	0.037 (0.99)
城乡			0.188** (2.09)			-0.605*** (-17.24)
GDP 增速			0.016 (0.85)			0.019*** (2.75)
居民消费水平			-9.32e-06*			-7.65e-06***

注:括号内为 t 统计量,***、**、* 分别代表在1%、5%、10%水平上显著。

将第4列和第7列的回归结果进行对比可以发现,影响年轻劳动力和年长劳动力就业的影响因素有所不同。表现在以下几个方面:首先,年龄、户口和所在地区的城乡属性对年轻劳动力和年长劳动力就业的影响方向不同。在年轻劳动力的年龄范围内,随着年龄增长就业概率增加,而在年长劳动力的年龄范围内,随着年龄增长就业概率降低。非农业户口和城市中的年轻劳动力就业概率更大,而年长劳动力就业概率更小。其次,人力资本禀赋对就业的影响方面,年轻劳动力就业受其自身受教育水平的影响较为显著,受教育水平越高的年轻人就业的概率越大,而年长劳动力是否就业受其身体健康状况的影响更大,就业概率较高的通常是健康状况较好的年长者。再次,家庭特征对就业决策的影响在两个劳动力群体中也存在差异。有配偶的年轻劳动力就业的概率更大,而年长者是否就业受婚配情况的影响并不显著。在就业和照料未成年子女的决策中年长者更倾向于子女照料,而这一因素对年轻人就业的影响不显著。这可能是由于我国普遍存在的"隔代照料"现象使年轻人的子女照料问题得以很好的解决,从而在就业决策中更加自由。最后,年长劳动力的就业状况受地区经济发展因素的影响比年轻人更为显著。

3.4.3 两群体劳动力劳动收入的影响因素

不同年龄劳动力群体的就业数量在微观层面上表现为个体的就业概率,而就业质量从微观角度来衡量的重要指标之一就是个体的劳动收入水平。将微观特征变量(个人特征、家庭特征)和宏观特征变量(地区特征)依次加入模型(表3-15),其中,模型(1)~模型(4)的豪斯曼(Hausman)检验P值分别为0.79、0.01、0.64、0.25,大多数模型的实证结果支持随机效应模型。对比表3-15第5列和第9列的回归结果可以看出,个人特征对两类劳动力群体劳动收入水平的影响均在1%水平上显著,但影响方向和强度在群体间又有差异:一是随着年龄的增加,年轻劳动力的工资水平逐渐上升,而年龄越大的年长劳动者工资水平越低,这是由于随着年龄的变化劳动生产率不断变化的缘故。二是教育水平的估计系数,年长劳动力大于年轻劳动力,这说明年长劳动力的工资水平受教育水平的影响更大。可能的原因是随着国民教育水平的整体提高,年轻劳动力个体之间的教育水平差异逐步缩小,而年长劳动力群体内部的教育水平差距较大，其中高学历的劳动者在工资水平上更具有竞争力。三是劳动收入水平和身体健康状况呈显著正相关，但年长劳动力的工资水平受健康状况的影响更大。此外，女性、党员的工资水平低于男性、非党员，这一趋势在年轻和年长劳动力群体中是相同的，且估计系数的绝对值差异不大。

表 3-15　　年轻和年长劳动力劳动收入影响因素的基础回归

自变量	年轻劳动力 (1) FE	年轻劳动力 (1) RE	年轻劳动力 (2) FE	年轻劳动力 (2) RE	年长劳动力 (3) FE	年长劳动力 (3) RE	年长劳动力 (4) FE	年长劳动力 (4) RE
性别	-0.735 (-0.96)	-0.517*** (-9.44)	-0.074 (-0.25)	-0.515*** (-9.86)	-0.312*** (-2.94)	-0.269*** (-9.53)	-0.400*** (-3.98)	-0.356*** (-13.87)
年龄	-0.033 (-0.24)	0.051*** (4.00)	-0.023 (-0.43)	0.030** (2.51)	-0.016** (-2.21)	-0.019*** (-9.68)	-0.019*** (-2.80)	-0.023*** (-12.87)
教育水平	0.125 (1.04)	0.108*** (11.00)	0.088 (1.03)	0.069*** (6.72)	0.225*** (9.70)	0.246*** (40.62)	0.137*** (5.64)	0.143*** (23.21)
是否党员	0.122 (0.20)	-0.208*** (-3.62)	0.439 (1.72)	-0.186*** (-3.43)	-0.330*** (-3.77)	-0.324*** (-11.78)	-0.242*** (-2.92)	-0.251*** (-10.05)
健康状况	0.336 (0.59)	0.112*** (3.21)	0.762 (2.36)	0.123*** (3.65)	0.257*** (5.65)	0.198*** (15.42)	0.211*** (4.92)	0.162*** (13.87)
未成年子女数	0.214 (0.15)	-0.177*** (-3.35)	-0.204 (-0.34)	-0.125** (-2.45)	0.299** (2.05)	0.122*** (3.35)	0.266* (1.94)	0.090*** (2.73)
城乡			1.779 (5.27)	0.396*** (6.85)			0.742*** (6.74)	0.694*** (23.77)
GDP 增速			-0.086 (-0.64)	-0.011 (-0.79)			-0.029 (-1.49)	-0.028*** (-4.73)
居民消费水平			0.000 (0.10)	0.000*** (5.38)			0.000* (1.80)	0.000*** (17.43)
常数项	9.464 (1.82)	8.617*** (21.87)	4.661 (1.25)	8.391*** (20.98)	8.877*** (15.09)	9.119*** (58.10)	8.550*** (14.20)	8.636*** (55.80)
观测值	1027	1027	1027	1027	5969	5969	5969	5969

注：括号内为 t 统计量，***、**、* 分别代表在 1%、5%、10% 水平上显著。

从家庭特征因素来看，未成年子女的数量对年轻人的劳动收入具有显著的负向影响，而对年长劳动者的劳动收入水平影响不大。这说明有子女照料义务的年轻人更容易接受低工资率的岗位，比如年轻的妈妈通常更加偏好时间和地点更为灵活但报酬较低的工作。而家中有未成年子女的年长者通常选择不工作（表3-14），因而工资率几乎不受未成年子女数量的影响。居民消费水平较高、城市地区的劳动者的工资水平都比较高，这一结果和经济学常识是吻合的。

3.4.4 稳健性检验

为了检验回归结果的稳定性，我们采用了三种策略：一是改变估计方法，使用经典Probit和混合（Pooled）OLS方法进行系数的估计，对面板回归结果进行参照分析；二是改变年龄分组，将大于55周岁小于65周岁的男性、大于50周岁小于60周岁女性定义为年长劳动力，减少超高龄劳动者样本给回归结果带来的偏误；三是使用"过去四周由于健康问题影响到工作或日常生活的频率"来描述健康状况，相比自评健康来说客观性更强。

我们发现，男性、年龄较大、教育水平高、党员、非农业户口、已婚的城镇年轻劳动力就业的概率更高，而健康状况、未成年子女数量、地区经济发展状况对年轻劳动力就业的影响不显著。与之形成对比的是，较年轻的、农业户口农村年长劳动力就业的概率更高些，且年长劳动力是否就业受教育水平的影响小于年轻劳动力，居民消费水平对年长劳动力的就业影响更加显著。同时，相关系数的估计值差异不大，可以看出回归结果具有较好的稳健性（见表3-16）。

表3-16　年轻和年长劳动力就业影响因素的稳健性检验

自变量	Probit估计 年轻	Probit估计 年长	改变年龄分组 年轻	改变年龄分组 年长	使用客观健康 年轻	使用客观健康 年长
性别	-1.170*** (-13.07)	-0.839*** (-17.03)	-1.113*** (-7.42)	-0.839*** (-17.03)	-1.168*** (-12.53)	-0.840*** (-17.03)
年龄	0.031* (1.74)	-0.076*** (-12.01)	0.052* (1.70)	-0.076*** (-12.01)	0.030* (1.68)	-0.076*** (-12.06)
教育水平	0.120*** (6.80)	0.051*** (5.54)	0.123*** (4.64)	0.051*** (5.54)	0.120*** (6.71)	0.050*** (5.42)

续表

自变量	Probit 估计		改变年龄分组		使用客观健康	
	年轻	年长	年轻	年长	年轻	年长
是否党员	0.766*** (20.13)	0.464*** (33.36)	0.867*** (16.44)	0.464*** (33.36)	0.769*** (18.31)	0.463*** (33.23)
健康状况	-0.037 (-0.73)	0.134*** (7.79)	0.020 (0.28)	0.134*** (7.79)	-0.056 (-1.03)	0.151*** (8.83)
户口	0.175* (1.65)	-0.314*** (-6.12)	0.451*** (2.85)	-0.314*** (-6.12)	0.178* (1.67)	-0.337*** (-6.55)
未成年子女数	-0.034 (-0.45)	-0.108* (-1.75)	0.114 (1.00)	-0.108* (-1.75)	-0.035 (-0.45)	-0.112* (-1.82)
婚姻状态	0.992*** (3.87)	0.147** (2.34)	1.234*** (3.74)	0.147** (2.34)	0.986*** (3.84)	0.141** (2.24)
城乡	0.187** (2.10)	-0.549*** (-11.41)	0.256** (2.06)	-0.549*** (-11.41)	0.188** (2.09)	-0.560*** (-11.58)
GDP 增速	0.016 (0.85)	-0.002 (-0.18)	0.010 (0.35)	-0.002 (-0.18)	0.016 (0.86)	-0.004 (-0.51)
居民消费水平	-9.31e-06* (-1.92)	-7.35e-06*** (-3.90)	-9.32e-06* (-1.31)	-7.35e-06*** (-3.90)	-9.44e-06* (-1.94)	-8.38e-06*** (-4.42)
常数项	-3.296*** (-5.62)	4.534*** (10.31)	-5.232*** (-5.21)	4.534*** (10.31)	-3.188*** (-5.26)	4.554*** (10.37)
观测值	1597	6454	953	6454	1594	6440

注：括号内为 t 统计量，***、**、*分别代表在1%、5%、10%水平上显著。

类似的检验策略应用于两类劳动力群体的劳动收入水平的影响因素分析，从表3-17的估计结果可以看出，年轻劳动力的工资水平与年龄、教育水平、健康状况、地区居民消费水平呈正相关，女性、党员、有未成年子女的年轻人工资水平则显著偏低。这些因素对年长劳动力工资水平影响的方向和强度则有所不同，年龄越大的年长劳动力工资水平越低，同样的回归模型中教育水平、健康状况的回归系数年长劳动力大于年轻劳动力，说明年长劳动者的工资水平受教育水平和健康状况的影响更大，地区经济发展情况对年长者的劳动收入也有显著影响。以上结论和基础回归结果是吻合的，且估计系数的绝对值也没有明显差异，这说明回归结果稳健性较好。

表 3-17　年轻和年长劳动力劳动收入影响因素的稳健性检验

自变量	Pooled OLS 估计 年轻	Pooled OLS 估计 年长	改变年龄分组 年轻	改变年龄分组 年轻	使用客观健康 年长	使用客观健康 年轻
性别	-0.506*** (-9.64)	-0.416*** (-10.26)	-0.513*** (-9.84)	-0.416*** (-10.26)	-0.532*** (-10.23)	-0.421*** (-10.30)
年龄	0.036*** (2.90)	-0.033*** (-6.26)	0.031** (2.55)	-0.033*** (-6.26)	0.031** (2.56)	-0.033*** (-6.26)
教育水平	0.068*** (6.68)	0.133*** (18.37)	0.068*** (6.73)	0.133*** (18.36)	0.068*** (6.70)	0.133*** (18.22)
是否党员	-0.071*** (-3.79)	-0.084*** (-8.29)	-0.064*** (-3.46)	-0.084*** (-8.30)	-0.064*** (-3.47)	-0.087*** (-8.51)
健康状况	0.108*** (3.22)	0.170*** (11.92)	0.126*** (3.76)	0.170*** (11.92)	0.087** (2.48)	0.145*** (10.02)
未成年子女数	-0.149*** (-2.93)	0.025 (0.61)	-0.125** (-2.46)	0.026 (0.62)	-0.133*** (-2.60)	0.011 (0.27)
城乡	0.356*** (6.13)	0.584*** (16.91)	0.396*** (6.86)	0.584*** (16.93)	0.392*** (6.75)	0.581*** (16.68)
GDP 增速	-0.008 (-0.58)	-0.016** (-2.32)	-0.011 (-0.79)	-0.016** (-2.33)	-0.012 (-0.84)	-0.018** (-2.51)
居民消费水平	1.79e-05*** (5.88)	2.34e-05*** (14.17)	1.65e-05*** (5.40)	2.33e-05*** (14.14)	1.67e-05*** (5.46)	2.24e-05*** (13.40)
常数项	8.424*** (20.89)	9.514*** (26.12)	8.433*** (21.15)	9.515*** (26.13)	8.612*** (21.23)	9.628*** (26.24)
观测值	1027	3685	1027	3685	1026	3678

注：括号内为 t 统计量，***、**、*分别代表在1%、5%、10%水平上显著。

3.5　两群体劳动力就业耦合关系分析

在物理学关于耦合关系的理论中，两个相近相通又相差相异的系统，不仅有静态的相似性，同时具有动态的互动性，两者就有耦合关系。耦合度可以阐明年轻和年长劳动力就业系统的互动关系，判定二者复合就业系统的耦合态势。

鉴于年轻与年长劳动力就业之间可以通过人力资本投资和劳动力市

场相互作用、相互影响,因此把年轻与年长劳动力就业存在相互关联而产生相互作用,促进年轻与年长劳动力就业包容性增长的过程定义为年轻与年长劳动力就业耦合,通过就业耦合关联形成的新的结构功能体称为年轻与年长劳动力就业耦合系统。年轻与年长劳动力就业耦合是通过耦合要素之间相互作用来实现的,具体又可划分为劳动力市场和人力资本投资两大途径。

目前相关研究多单方面考察老龄化背景下老年人或年轻劳动力单一群体的就业,即使有些研究涉及两类劳动力在就业中的相互影响,也仅限于讨论推迟退休年龄对年轻劳动力的挤出效应,或老年产业给年轻劳动力就业带来的机遇,缺乏对年长和年轻劳动力群体互动关系的全面研究。因此,系统分析年长与年轻两类劳动力群体之间的就业关系,对提出老龄化背景下统筹促进我国两类劳动力包容性就业的政策,有着重要的现实意义。

3.5.1 年轻与年长劳动力就业耦合机制

年轻与年长劳动力就业相互影响的劳动力市场机制方面,需求侧的耦合要素主要有就业的城乡结构和产业结构变迁。人口城镇化不仅通过带动 GDP 增长来刺激总的社会就业,而且影响着不同年龄段人口的就业状况。根据人口普查数据,1990 年 20~29 岁男性劳动力的城镇就业比率为 27.44%,55~64 岁男性劳动力的城镇就业比率为 22.22%。到 2010 年,比率分别达到了 51.03% 和 31.01%。年轻人的城镇就业比率高于年长者,且差距逐渐增大。原因至少有两个方面:一是随着城镇化进程的逐步推进,城镇平均工资水平高于农村,农村年轻人的城镇就业意愿强烈,大批涌入城镇;二是由于中国家庭养老模式占主流的特点,在城市工作到较高年龄的农村人口倾向于返回农村,由非农就业转为农业就业。

从就业的产业结构来看,1990 年 20~29 岁男性劳动力的非农行业就业比率为 33.13%,2010 年这一比率达到了 66.56%,而对于 55~64 岁的男性劳动力来说,这两个数字分别为 21.58% 和 30.73%。年轻人的非农就业比率远高于年长劳动力,在制造业、金融业、信息传输、计算机服务和软件业，文化、体育和娱乐业等行业中更为明显。随着产业升级，非农产业的快速发展提高了就业机会的多样性和异质性，科技密集型的第二产业和高知识附加的现代服务业需要依靠具有更高人力资本禀赋的年轻劳动力，这会使年轻与年长劳动力在就业中的互补性增强，竞争性减弱。

从人力资本存量方面来看，一方面，随着我国九年义务教育全面普及、高中阶段教育基本普及、高等教育大众化，我国人口受教育结构的重心逐步上移。根据《中国 2010 年人口普查资料》，按年龄分组的在业人口平均受教育年限，每年轻 10 岁就能提高近一年。另一方面，经济快速增长和产业升级使劳动力职业技能的专有性增强，高年龄段劳动力通常无法满足新兴行业和岗位的技能需求。因此，现阶段我国年轻与年长劳动力人力资本的互补性较强，但随着时间的推移两者人力资本的竞争性将提高。

人口老龄化改变年轻与年长劳动力绝对数量的对比，退休年龄延迟压力增大，对年轻人的就业产生两个方向的影响：一方面，老年人就业的增加可能会对年轻人的就业产生挤出效应，这是基于年轻与年长劳动力人力资本在工作中是替代关系做出的判断；另一方面，根据"退休—消费之谜"的相关理论，人口老龄化和退休会降低未来消费水平，老年人就业在增加社会人力资本存量的同时，提高总消费需求，从而在一定程度上促进就业。

3.5.2 经验分析策略

在明确年轻和年长劳动力就业相互作用和耦合机理的基础上，借鉴乔标、方创琳（2005）等相关研究的分析思路，应用系统论中系统演化的思想来建立"年长—年轻劳动力就业动态耦合模型"（old workers-youth employment coupling system，OYCS），年轻劳动力和年长劳动力就业系统的变化过程都是一种非线性过程，其演化方程可表示为：

$$\frac{dx(t)}{dt} = f(x_i); \quad i = 1, 2, \cdots, n \tag{3-3}$$

f 为 x_i 的非线性函数，非线性系统运动的稳定性取决于一次近似系统特征根的性质，因此将其在原点附近按泰勒级数展开，简化函数方程得到近似表达：

$$\frac{dx(t)}{dt} = \sum_{i=1}^{n} a_i x_i, \quad i = 1, 2, \cdots, n \qquad (3-4)$$

式（3-4）中，a_i 是 f 关于 x_i 在原点处的偏导数值。对于 f，x_i 是表征就业系统发展水平的元素，a_i 为元素的权重。由此建立年轻与年长劳动力就业系统变化过程的一般函数：

$$f(S) = \sum_{i=1}^{n} b_i y_i, \quad i = 1, 2, \cdots, n \qquad (3-5)$$

$$f(Y) = \sum_{j=1}^{n} a_j x_j, \quad j = 1, 2, \cdots, n \qquad (3-6)$$

式（3-5）、式（3-6）中，y，x 分别为两系统的元素，b，a 为各元素的权重。由于年轻人就业和年长者就业二者相互作用、耦合为复合系统，显然 f(S) 与 f(Y) 是复合系统的主导部分，按照一般系统理论，复合系统的演化方程可表述为：

$$A = \frac{df(S)}{dt} = T_1 f(Y) + T_2 f(S), \quad V_A = \frac{dA}{dt} \qquad (3-7)$$

$$B = \frac{df(Y)}{dt} = U_1 f(Y) + U_2 f(S), \quad V_B = \frac{dB}{dt} \qquad (3-8)$$

式（3-7）、式（3-8）中，A、B 分别为年长劳动力就业子系统和年轻劳动力就业子系统的演化状态，受自身和外界影响，V_A、V_B 分别为两个子系统的演化速度。对于整个复合系统，A 与 B 互相影响，整个系统的演化速度 V 可以看作 V_A、V_B 的函数，这样就可以以 V_A、V_B 为控制变量，研究整个系统及两个子系统间的耦合协调关系。把 V_A 和 V_B 的演化轨迹投影在一个二维平面（V_A、V_B）中来分析 V，那么 V 与 V_B 的夹角 T 满足 $\tan T = V_A / V_B$，即：

$$T = \arctan\left(\frac{V_A}{V_B}\right) \qquad (3-9)$$

耦合度实际上是分析子系统之间协调发展的程度，用子系统之间的发展速度协调度来测度系统的耦合度，因此把 T 称为复合系统的动态耦合度，根据 T 的取值，确定整合系统的演化状态和两个子系统之间的耦合程度。

此外，T_1、T_2 分别是年轻人的就业与年长劳动力就业本身对年长劳动力就业发展过程的影响，U_1、U_2 分别为年轻人就业本身与年长劳动力就业对年轻人就业演进过程的影响,这四个参数揭示了两子系统相互作用的方向和强度,及其对复合系统动态发展的贡献度。

3.5.3 年轻与年长劳动力就业耦合度的趋势分析

研究过程使用的数据主要来源于1982年、1990年、2010年的人口普查资料和1995年、2005年的全国1%人口抽样调查资料,这是目前可以使用的就业指标最多的具有代表性的全国数据。

借鉴格鲁伯(2009)的做法,将样本按年龄划分为两个劳动力群体:年长劳动力和年轻劳动力。由于男性和女性在就业中差异很大,所以研究中限取男性样本进行分析。在年龄段的划分上,定义55~64岁男性为年长劳动力,即"长者",定义20~29岁男性为年轻劳动力。不包含在校生、寻找工作、离退休、无劳动能力、料理家务等不在业人口。

使用教育指标作为人力资本水平的度量,是目前使用范围最为广泛的一种方法,主要有成人识字率、学校入学率、教育总年限和平均教育年限等。教育年限在度量人力资本的就业力时优势明显,结合国内数据的可得性,我们选取平均教育年限作为人力资本的主要指标。同时,用于健康保健的费用是年长劳动力人力资本投资的重要形式,这方面的投资效果主要体现为人口预期寿命的提高。人口预期寿命的数据来自《中国卫生统计年鉴》和2005年世界卫生组织(World Health Organization,WHO)的《世界卫生统计报告》。

劳动力市场价格以各年龄段男性在业人员平均货币工资为基础,具体指标使用按行业加权的平均实际工资。人口普查资料中没有物价指数、平均货币工资等数据,故我们将1982年、1990年、1995年、2000年、2005年、2010年的《中国统计年鉴》《中国人口和就业统计年鉴》《中国劳动统计年鉴》的数据与对应年份的人口普查资料数据进行了匹配。城乡划分标准为人口普查资料中的《关于统计上划分城乡的规定》[①]。三次

---

① 城镇包括城区和镇区。城区是指在市辖区和不设区的市、区、市政府驻地的实际建设连接到的居民委员会和其他区域。镇区是指在城区以外的县人民政府驻地和其他镇,政府驻地的实际建设连接到的居民委员会和其他区域。乡村是指本规定划定的城镇以外的区域。

产业分类依据国家统计局 2012 年制定的《三次产业划分规定》①。

1. 数据的标准化处理

为了消除数据的数量级及量纲的不同造成的影响，应用离差标准化法对数据进行标准化处理，公式如下：

$$A_{ij} = \frac{x_{ij} - \min(x_i)}{\max(x_i) - \min(x_i)} \quad (3-10)$$

式（3-10）中，j 为指标序号，i 为年份，x 为指标数据。为统一指标的变化方向，需要对负向指标进行变向处理，公式为：

$$a_{ij} = 1 - A_{ij} \quad (3-11)$$

各指标权重采用熵权法进行赋值，熵权法根据指标变异性大小来确定客观权重，能够反映出信息熵的效用价值，避免主观意识的干扰。信息熵越小，表明指标值变异程度越大，信息的无序度越低，提供的信息量越多，在系统功能的综合评价中作用越大。信息熵 Q 的计算公式为：

$$Q = \sum_{i=1}^{n} C_i \ln C_i, \quad i = 1, 2, \cdots, n \quad (3-12)$$

式（3-12）中，C_i 是每个样本的观测值。设 x_{ij} 为第 i 年第 j 项指标的值，x_{ij} 的比重 c_{ij} 的计算公式为：

$$c_{ij} = \frac{x_{ij}}{\sum_{i=1}^{n} x_{ij}}, \quad i = 1, 2, \cdots, n, \quad j = 1, 2, \cdots, m \quad (3-13)$$

代入式（3-8）计算第 j 项评价指标的熵值：

$$e_j = -\frac{1}{\ln n} \sum (c_{ij} \cdot \ln c_{ij}), \quad i = 1, 2, \cdots, n, \quad j = 1, 2, \cdots, m$$
$$(3-14)$$

当 c_{ij} 差异越大，e_j 越小，由此计算信息熵冗余度：

$$g_j = 1 - e_j, \quad j = 1, 2, \cdots, m \quad (3-15)$$

确定评价指标的权重：

---

① 第一产业为农业（包括种植业、林业、牧业和渔业），第二产业为工业（包括采掘业、制造业，电力、煤气及水的生产和供应业及建筑业），第三产业为除第一、第二产业以外的其他各业。

$$W_j = \frac{g_j}{\sum_{j=1}^{m} g_j} \qquad (3-16)$$

年轻和年长劳动力就业耦合系统综合评价指标及权重见表 3-18。

表 3-18　年轻和年长劳动力就业耦合系统综合评价指标及权重

系统	项目	一级指标	权重	二级指标	权重
年轻劳动力就业	人力资本投资	教育投资	0.015	20~24 岁平均教育年限	0.005
				25~29 岁平均教育年限	0.010
	劳动力市场	城乡结构	0.194	市区就业比例	0.058
				镇区就业比例	0.136
		行业结构	0.165	第二产业就业比例	0.072
				第三产业就业比例	0.093
		劳动力市场价格	0.623	按行业加权的平均实际工资	0.623
		就业总量	0.004	就业率	0.004
年长劳动力就业	人力资本投资	教育投资	0.141	55~59 岁平均教育年限	0.056
				60~64 岁平均教育年限	0.085
		健康状况	0.001	预期寿命指标	0.001
	劳动力市场	城乡结构	0.187	市区就业比例	0.009
				镇区就业比例	0.178
		行业结构	0.079	第二产业就业比例	0.062
				第三产业就业比例	0.017
		劳动力市场价格	0.591	按行业加权的平均实际工资	0.591
		就业总量	0.001	就业率	0.001

将标准化后的数据与熵权法计算的权重处理，得到 1982~2010 年年轻劳动力就业系统发展水平 f(Y) 和年长劳动力就业系统发展水平 f(S)。1982~2010 年，我国年轻和年长劳动力就业在发展中呈现出明显的上升趋势，二者发展趋势接近三次曲线。1982~1990 年间，年轻劳动力就业系统和年长劳动力就业系统均发展缓慢。年长劳动力就业

系统在1990年附近到达拐点，此后快速发展，年轻劳动力就业没有明显的发展拐点。1990~2000年间，二者发展速度虽较之前10年有了提升但总体发展速度仍较为平缓。2000年之后，年轻劳动力就业和年长劳动力就业发展迅速，系统耦合发展态势良好。以上情况说明，我国年轻劳动力就业和年长劳动力就业没有明显的竞争关系，但年长劳动力就业系统发展略有滞后，现阶段二者协同发展的可能性较大。

分别将两个子系统的曲线进行非线性拟合，研究的年份范围为1982~2010年，相应的t取值为2~30，在二次、三次、复合、幂、增长、指数模型中，拟合优度最好的均为三次模型，两个就业子系统发展水平表达式分别为：

$$f(S) = -0.042 + 9.289E - 5t^3 - 0.003t^2 + 0.032t, R^2 = 0.998 \quad (3-17)$$

$$f(Y) = 0.035 + 3.756E - 5t^3 + 3.178E - 5t^2 - 0.003t, R^2 = 0.998 \quad (3-18)$$

将f(Y)和f(S)拟合曲线的方程代入式（3-7）和式（3-8），求V_A、V_B和耦合度T的值，如表3-19所示。

表3-19 1982~2010年我国年轻和年长劳动力就业耦合系统的耦合度

项目	1982年	1990年	1995年	2000年	2005年	2010年
年长劳动力就业综合指标	0.0152	0.0828	0.1515	0.2748	0.4886	0.9950
年轻劳动力就业综合指标	0.0268	0.0708	0.0976	0.3092	0.5809	0.9962
V_A	-0.0049	-0.0004	0.0024	0.0051	0.0079	0.0107
V_B	0.0005	0.0023	0.0034	0.0046	0.0057	0.0068
tgT	-9.4993	-0.1841	0.6853	1.1260	1.3924	1.5709
T	-83.99°	-10.43°	34.42°	48.39°	54.32°	57.52°

2. 耦合态势分析

当$-90° < T \leq 0°$时，耦合系统处于低级共生阶段，1982~1990年间年轻和年长劳动力就业系统的耦合度为-83.99°~-10.43°，这一时期年轻劳动力就业系统发展缓慢，而年长劳动力就业系统发展状况不断下

降，二者的耦合状态不佳。这一阶段年轻劳动力就业基本不受年长劳动力就业发展的限制和约束，年轻劳动力就业对年长劳动力就业的影响也几乎为零。

当 0°＜T≤90°时，耦合系统处于协调发展的阶段，是年轻劳动力就业的低速调整期。其中 T＝45°时年轻与年长劳动力就业均衡发展。从图 3-5 中可以看出，1995～2000 年间年轻与年长劳动力就业的耦合状态缓慢变化，由于前一阶段年轻劳动力就业对年长劳动力就业的制约作用，导致年长劳动力就业对年轻劳动力就业的反馈作用逐渐显现，随着人口老龄化进程的发展，以及平均受教育年限增加伴随的年长劳动力教育水平提高、年轻劳动力进入劳动力市场的延迟，年长劳动力就业系统发展情况开始好转。这一时期青年就业系统和年长劳动力就业系统发展速度均不断上升，长者就业系统发展速度超过年轻劳动力就业系统，二者的耦合度于 2000 年达到 45°附近，两就业系统演化速度较快，但整体耦合系统仍处于较低发展水平。

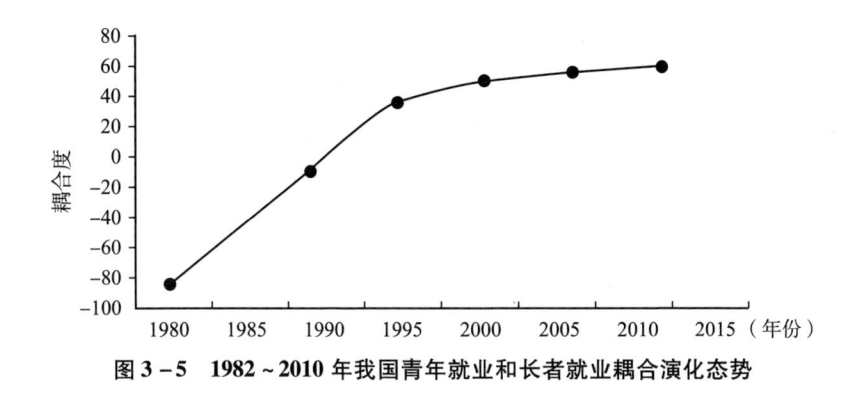

图 3-5 1982～2010 年我国青年就业和长者就业耦合演化态势

由于上一阶段年轻与年长劳动力就业的矛盾逐渐缓和，2000～2010 年耦合系统的耦合度平稳增长，随着人口老龄化程度的加深，延迟退休压力不断增强，年长劳动力就业系统的快速发展对年轻劳动力就业的制约趋势明显。以上分析说明，基于动态耦合模型所建立的耦合度能够较好地反映年轻劳动力就业和年长劳动力就业相互促进、相互制约的互动耦合情况。对于我国来说，目前处于年轻劳动力就业和年长劳动力就业协调发展的阶段，协调度的增长速度放缓但趋势显著，表明年轻劳动力就业即将进入快速发展期，年长劳动力就业可能进入危机潜伏期。T＞90°之后，年轻与年长劳动力就业耦合系统将进入极限退化阶段。

当T＝90°时两子系统深度耦合，耦合水平达到极限，90°＜T≤180°时，耦合系统处于极限退化阶段。由年长劳动力就业系统发展带来的经济增长、人力资本积累增加，从而带动的年轻劳动力就业水平的提高达到极限值，两者由相互促进开始转向制约关系，耦合系统负向发展。

当－180°＜T≤－90°时，耦合系统进一步恶化，在这一阶段两个就业子系统退化，劳动力市场和人力资本投资停止发展，进入衰退状态，年轻劳动力就业系统发展受挫，年长劳动力就业系统停滞不前，对耦合系统发展破坏性最强，经济和社会组织的恢复作用推动二者的交互耦合关系重组，耦合系统进入新的演化周期。

年轻和年长劳动力就业相互影响的人力资本投资机制分为两个方面：微观层面上，家庭是正规教育投资的微观主体、受益者及风险承担者，还通过健康投资影响家庭成员的预期寿命。对家庭而言，对年轻和年长劳动力的人力资本投资既在短期内互有挤出效应，又在长期中互有储蓄效应。宏观层面上，政府承担年轻和年长劳动力人力资本投资的两方面支出，二者有着与家庭人力资本投资相似的竞争性和互补性。根据分析判断，1982~2010年，我国年轻和年长劳动力就业在发展中呈现出明显的上升趋势，二者没有明显的竞争关系，但年长劳动力就业系统发展略有滞后。随着人口老龄化程度的加深，延迟退休压力不断增强，年长劳动力就业系统的快速发展对年轻劳动力就业的制约趋势明显。目前年轻和年长劳动力就业耦合系统的耦合度平稳增长，处于年轻和年长劳动力就业协调发展的阶段。随着耦合度的增长，年轻劳动力群体就业即将进入快速发展期，年长劳动力群体就业进入危机潜伏期。耦合度大于90°之后，年轻和年长劳动力就业耦合系统可能进入极限退化阶段。基于动态耦合模型所建立的耦合度能够较好地反映年轻和年长劳动力就业的相互促进、相互制约的互动耦合情况。因此，在老龄化条件下应结合年轻和年长劳动力就业交互影响的动态耦合规律，采取适当的就业政策，促进二者良性、正向作用，实现两者优势互补和共同提升。

3.6 本章小结

本章主要目的是厘清年长与年轻两类劳动力群体的就业特征。第一，将国内外对年轻、年长劳动力主流的划分标准进行了回顾，包括 OECD 数据库和以不同年龄组劳动力就业为研究对象的国内外文献，分析了各类划分标准的划分依据，并结合国内微观数据特点和法定退休年龄的规定设定了年轻和年长劳动力划分标准。第二，对比分析了男性和女性在生命周期中劳动参与的变化，发现男性的"年龄—就业率"曲线大多呈倒 U 形，而不同年龄组女性的劳动参与则体现出更为复杂的特征，我们将其分为四种情况进行了具体讨论。第三，从就业的分类与分层特征方面考察了年轻和年长劳动力之间的同质性，结果发现年轻和年长劳动力的平均受教育水平有显著差异，二者人力资本的同质性较低，互补性大于替代性。而在行业、职业、管理活动、单位类型、工作方式和就业地区等方面虽然表现出一定的世代差异，但没有发现两类劳动力群体就业强替代性的证据。第四，从就业择业的主观偏好层面分析了年轻和年长劳动力之间的异质性，我们发现，年轻和年长劳动力对工作回报、创业、"工资—闲暇"、主动转换工作的偏好差异较大，总体来看年长劳动者对就业的主观偏好类型为"保障和稳定"，而年轻劳动力的偏好类型为"变动和挑战"。第五，使用纵向微观调查数据考察了年轻和年长劳动力就业和劳动收入水平的影响因素，具体从个体特征、家庭特征和地区特征三个层面进行分析，结果发现年轻和年长劳动力就业的影响因素有较大差异，主要表现在两个方面：一是同一个变量对两类劳动力群体就业的影响方向不同，如年龄、户口和就业城乡分类；二是人力资本禀赋对就业的影响方面，年轻劳动力就业受教育水平影响较大，而年长劳动者更多地受其健康状况的影响。

最后，在分析年轻和年长劳动力就业耦合机制的基础上，借鉴系统论中系统演化的思想来建立"年长—年轻劳动力就业动态耦合模型"，计算分析了我国劳动力就业系统耦合度。结果表明，我国年轻劳动力就业和年长劳动力就业在发展中呈现出明显的上升趋势，二者没有明显的竞争关系，但年长劳动力就业系统发展略有滞后。目前二者的耦合度平稳增长，处于年轻人就业和年长劳动力就业协调发展的阶段。随着耦合度的增长，年轻人就业即将进入快速发展期，年长劳动力就业进入危机潜伏期。耦合度大于90°之后，年轻和年长劳动力就业耦合系统将进入极限退化阶段。在老龄化条件下，应结合年轻与年长劳动力就业交互影响的动态耦合规律促进二者良性、正向提升。

此外，还有一些有趣的结论值得关注：①未成年子女数量虽然不影响年轻人的就业决策，但对其劳动收入产生显著的负向影响。②受教育水平对年长劳动者是否就业的影响小于年轻劳动力，但对年长劳动者工资水平的影响却大于年轻劳动力。③地区的居民消费水平对两类劳动力群体的就业数量和质量影响较为明显，而GDP增速对就业的影响不显著。

第4章

劳动力就业代际影响的劳动力市场机制分析

4.1 劳动力市场中就业的代际关系

提高年长劳动力的劳动参与是人口老龄化背景下缓解劳动力缺失、有效利用人力资源的重要途径,多年以来,人大会议中几度抛出延迟退休的议题,争议的焦点主要是年长劳动力就业增加是否会挤出年轻劳动力就业。一种观点认为,年长劳动力就业与年轻劳动力就业可能存在冲突,社会中年长劳动力就业的比重上升,将会挤占年轻劳动力的就业岗位,导致年轻人失业率的提高。基于这种观点,澳大利亚、比利时、加拿大等国家在20世纪80年代曾鼓励年长劳动者提前退休以促进年轻人就业。另一种观点认为,年长劳动力就业并不会完全地替代年轻人就业,甚至存在一定的互补性。主要原因有二:一是由于年长和年轻劳动力的知识技能结构具有差异性,人力资本的替代性不强。比如,年长劳动力所在的岗位有相当大的比例属于传统服务业和制造业,而年轻劳动力对新兴产业和现代服务业的就业意愿更高。二是经济总量不变和岗位数量固定的假设不成立,劳动力市场中的岗位不是绝对的"退一进一"的关系,随着经济发展和产业转型升级,年轻劳动力面临结构更加丰富的就业机会。我们分别通过时间序列和最新的截面数据,观察劳动力市场中年长和年轻劳动力就业的相关关系,并从理论层面分析其中的影响机制。

4.1.1 经验事实

就业率（employment rate）、劳动参与率（labour force participation，LFP）和失业率（unemployment rate，UER）是衡量劳动力市场发展状况的重要指标。基于OECD就业数据库，我们尝试使用以下指标：年长劳动力（55~64岁）劳动参与率、年长劳动力（55~64岁）就业率、年轻劳动力（15~24岁）就业率、年轻劳动力（15~24岁）劳动参与率、年轻劳动力（15~24岁）失业率、壮年劳动力（25~54岁）失业率，初步分析年长和年轻劳动力就业之间的关系。

使用OECD的主要就业数据，绘制图4-1和图4-2，显示了2000~2017年OECD国家重要就业指标的演变。图4-1包含年长劳动力劳动参与、年轻劳动力劳动参与和年轻劳动力失业率。图4-2包含年长劳动力劳动参与、年轻劳动力失业率和壮年劳动力失业率。图4-1显示，2000~2017年间，年长劳动力的劳动参与逐步上升，而年轻劳动力的劳动参与缓慢下降，这暗示了年长和年轻劳动力的劳动参与可能存在一定的负相关。

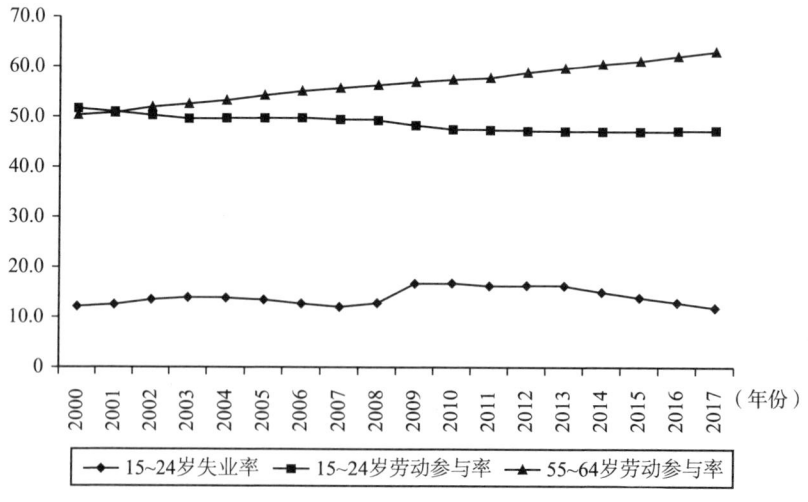

图4-1 2000~2017年OECD国家劳动参与率（年长和年轻）和失业率（年轻）

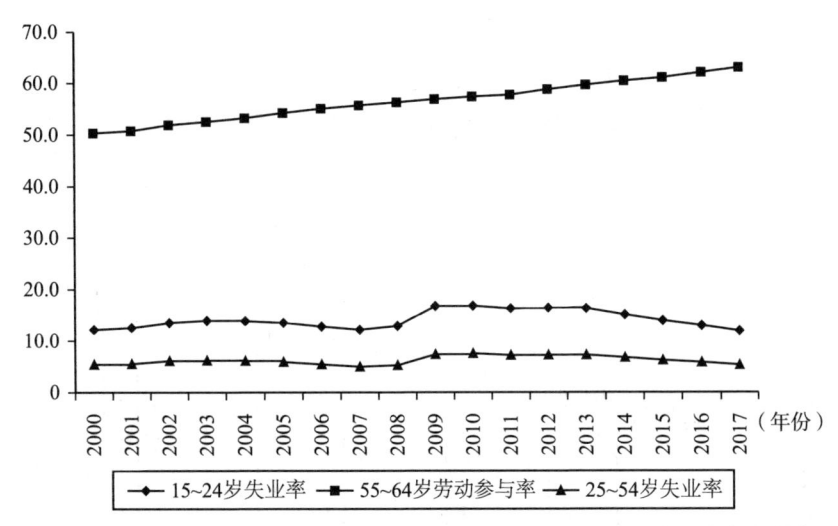

图 4-2　2000~2017 年 OECD 国家劳动参与率（年长）和失业率（年轻和壮年）

图 4-2 中，从失业率角度来看，2008 年之前，两个较年轻的劳动力群体（年轻和壮年）失业率都比较稳定，年轻劳动力失业率较高，说明其在劳动力市场中处于相对弱势。2008 年左右两个群体的失业率有了明显的上扬，这可能是由于金融危机的冲击。与年轻劳动力相比，壮年劳动力的失业率较低，且在可能的金融危机中受到的冲击也较小（其失业率上升幅度较小）。随着全球经济复苏，年轻和壮年劳动力的失业率开始缓慢下降，而这一过程中，年长劳动力的劳动参与一直是不断上升的。这似乎又无法为年长劳动力就业会挤出年轻劳动力就业提供证据。

图 4-3 和图 4-4 描述了 2017 年 45 个 OECD 国家的重要就业指标的相关情况。图 4-3 为 45 个国家的年长劳动力劳动参与和年轻劳动力失业率之间的对比，可以看出，年长劳动力劳动参与率较高的国家，其年轻劳动力失业率也相对较低。图 4-4 呈现了年长和年轻劳动力就业率之间的相关关系，二者存在明显的正相关，线性拟合趋势线的走势也说明了这一点。

以上经验事实说明，年长劳动力就业对年轻劳动力就业的影响可能是双向的：一方面，随着年长劳动力参与率的上升，年轻劳动力的参与率缓慢下降，年长劳动力就业的增多可能对年轻人的就业产生了不利影响。另一方面，年长劳动力的参与率与年轻劳动力的失业率呈现负相关关系，年长者的就业对劳动力资源进行了有效的补充，促进了经济的健康运行，为年轻劳动力提供了更多的就业机会，两个年龄段就业群体的就业率出现了正向的相关关系。

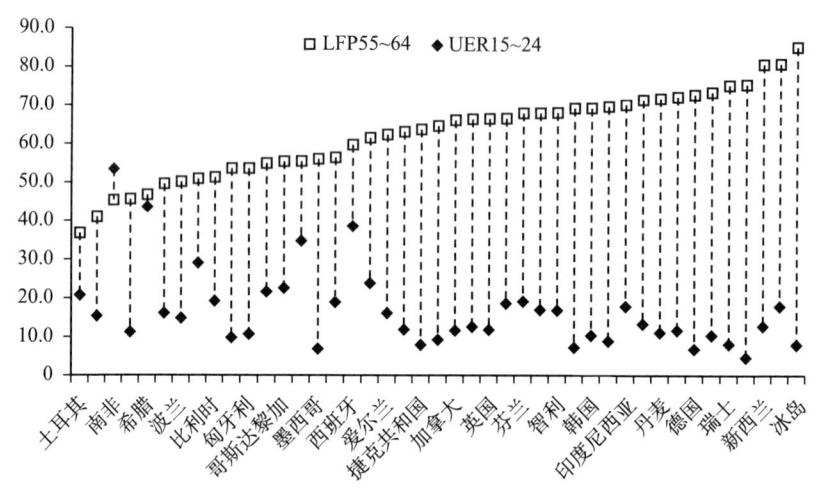

图 4-3 2017 年 45 个 OECD 国家劳动参与率（年长）和失业率（年轻）

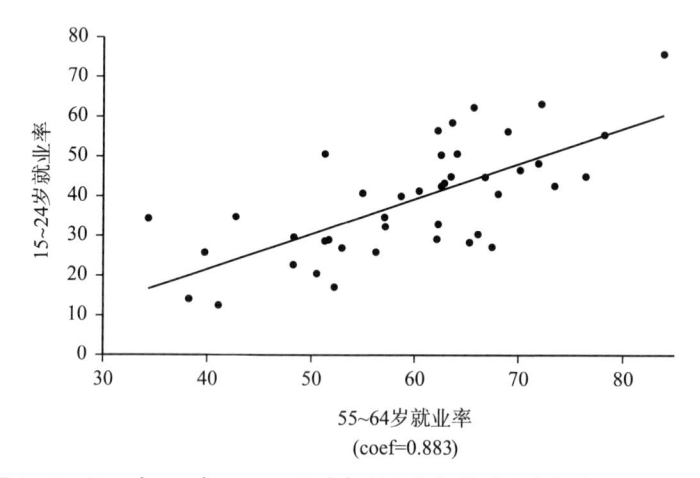

图 4-4 2017 年 45 个 OECD 国家年长和年轻劳动力参与率的相关趋势

4.1.2 年长劳动力对年轻劳动力就业的影响机制分析

从 4.1.1 节的经验事实来看,劳动力市场中就业的代际关系可能是双向的,我们将年长劳动者就业对年轻劳动者就业产生挤出的作用机理定义为"竞争机制",将年长和年轻劳动力就业正相关的作用机理定义为"促进机制"。可能的竞争机制有岗位占用效应和就业延迟效应,可能的促进机制有工作搜寻机制、消费拉动机制和投资拉动机制,见图 4-5。

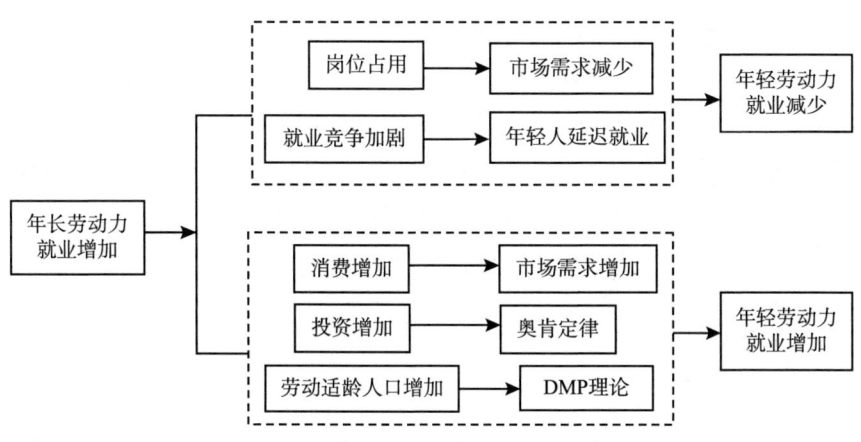

图 4-5 就业代际影响劳动力市场机制的传导路径

1. 竞争机制

(1) 岗位占用效应。年长劳动力就业会对年轻劳动力就业产生完全的挤出效应,主要是基于两个假设:劳动力是完全替代的;市场中的就业岗位数目是固定的。年轻劳动力劳动技能水平较低、工作经验不足,是就业的弱势群体,易受到政策环境和市场供求变化的冲击。短期内,市场中的岗位数目显然无法大幅增加,若年长劳动力不退出劳动力市场,继续占用工作岗位,那么用人需求会相应地降低,首当其冲的就会影响劳动力市场中弱势群体的就业,比如年轻劳动力、低技能水平劳动力等。

根据第3章的结论，年长和年轻劳动力的替代性不强，但相邻年龄段的劳动力可能是较好的替代，我们将其定义为"近龄替代"。显然，年长劳动力可能并不会对年轻劳动力的就业机会产生直接的挤出，但若年长劳动力不退出劳动力市场，企业中资历老的员工越来越多，容易衍生出裙带关系、论资排辈现象和"天花板效应"，壮年劳动力岗位变动的可能性变小，年轻劳动力岗位搜寻的难度相应地加大，从而对年轻劳动力就业产生一定的挤出。

（2）就业延迟效应。年轻劳动力大多是刚刚从学校毕业进入劳动力市场，面临着较大的就业压力和挑战。如果年长劳动力不退出劳动力市场，不论是继续留在原来岗位延迟退休，还是参与市场中的求职竞争，都将使得劳动力供大于求的情况更为严峻。当就业机会变得稀缺时，年轻人更有可能留在学校或重返校园。一方面，由于学历仍是求职敲门砖的现状，更高的教育水平通常意味着在劳动力市场中更具竞争力，且同一份工作起薪水平和受教育水平成正比，促使相当一部分年轻人继续求学以提升自身教育水平。另一方面，继续上学成为部分年轻人逃避毕业时就业压力的途径。这就从劳动力供给方面降低了年轻劳动力的就业率。

2. 促进机制

（1）消费拉动机制。随着经济结构的加速调整，消费在经济增长中发挥着越来越重要的作用：2017年我国最终消费支出达到43.5万亿元，占GDP的比重达到53.6%，最终消费对经济增长的贡献率也高达58.8%。[①] 2018年我国最终消费对经济增长的贡献率更是高达76.2%。[②] 而国内外很多研究发现，与工作相关的支出、在家的食品支出等方面的消费在退休后有所下降（Hurd & Rohwedder, 2003; Hurst, 2008; 李宏彬等, 2014），这被称为"退休消费之谜"。因此，如果提高年长劳动力的劳动参与率，将有利于消费水平的提高，刺激总需求，有利于经济

[①] 《中华人民共和国2017年国民经济和社会发展统计公报》，http://www.stats.gov.cn/tjsj/zxfb/201802/t20180228_1585631.html，2018-2-28。

[②] 《中华人民共和国2018年国民经济和社会发展统计公报》，http://www.stats.gov.cn/tjsj/zxfb/201902/t20190228_1651265.html，2019-2-28。

增长，从而增加劳动力需求。

（2）投资拉动机制。一般来说，老龄人口对经济发展有不利影响，因为这意味着更少的劳动力和更高的赡养率，劳动力减少同时意味着税收减少，同时也降低了国家提高国民生产总值的能力。年长劳动力劳动参与率的提高会直接降低社会的老年人抚养比，根据刘洪银（2008）的分析路径，从需求来看，抚养比的降低会减轻抚养负担，净收入会增加，相应的消费需求的提高会促进储蓄转化为投资。从要素供给来看，抚养比降低使得劳动力和收入都增加，收入增加引起储蓄和人力资本投资的增加，从而有利于技术进步，储蓄和储蓄率的增加有利于资本形成。要素需求和供给的增加是经济增长和发展的重要动力。根据奥肯定律，失业率将会下降。

（3）工作搜寻机制。在短期内，适龄劳动人口将随着年长劳动力就业的增加而直接增加相应数量。苏春红等（2015）基于DMP模型的分析结果显示，延迟退休将会通过促进企业提供更多的就业岗位而降低总体失业率。DMP模型将搜寻成本应用到劳动力市场：劳动力市场中存在着很多劳动者和企业，工作岗位按一定的速率流失，劳动者按一定的速率寻找工作。当劳动力市场中的适龄劳动者数量较多时，企业雇用到低工资率的劳动力的可能性更大，因而企业的雇用意愿增强。若企业雇用合适工资率的劳动力的搜寻成本较高时，雇用意愿则会降低。因而，适龄劳动人口的增加会提高就业率，劳动力市场中的就业水平会随着工作搜寻者的增多而上升。

4.1.3 就业代际影响劳动力市场机制的经验分析策略

我们将在行业或地区层面的数据基础上检验以下几个问题：①行业或地区层面的劳动力市场中，年长劳动力就业是否对年轻劳动力就业产生显著影响？方向如何？②年长劳动力就业是否通过岗位占用效应挤出年轻劳动力就业？③年长劳动力就业是否通过就业延迟效应挤出年轻劳动力就业？④年长劳动力就业是否通过工作搜寻机制促进年轻劳动力就业？⑤年长劳动力就业是否通过消费拉动机制促进年轻劳动力就业？⑥年长劳动力就业是否通过投资拉动机制促进年轻劳动力就业？

1. 劳动力就业代际影响的检验方法

行业层面上,我们假设一个行业中的年轻劳动力就业比例是由式(4-1)决定的:

$$\text{EmpY\_ratio} = \alpha_0 + \alpha_1 \text{EmpO\_ratio} + \alpha_2 X_1 + \varepsilon \qquad (4-1)$$

其中,EmpY_ratio 是年轻劳动力(20~29 岁)就业比例,EmpO_ratio 是年长劳动力(55 岁以上男性和 50 岁以上女性)就业比例,X_1 是行业特征变量,包括行业实际 GDP、实际平均工资、高等教育比例、就业总人数等。α_0 是常数项,ε 是误差项。系数 α_1 可以衡量年长劳动力就业对年轻劳动力就业的影响,如果显著为正,则年长劳动力就业有利于年轻劳动力就业,如果显著为负,则年长劳动力就业对年轻劳动力就业具有负效应。如果系数不显著,则二者相关关系较弱。

地区层面上,估计方程如式(4-2)所示:

$$\text{EmpY\_rate} = \theta_0 + \theta_1 \text{EmpO\_rate} + \theta_2 X_2 + \mu \qquad (4-2)$$

其中,EmpY_rate 是地区年轻劳动力(18~29 岁)就业率,EmpO_rate 是地区年长劳动力(55 岁以上男性和 50 岁以上女性)就业率,X_2 是地区特征变量,包括人均 GDP、GDP 增长率、第二和第三产业比重、人口流动指数等。年长劳动力就业对年轻劳动力就业的影响通过观察 θ_1 的符号和显著性得出。

2. 劳动力就业代际影响机制的识别

对于问题②~⑥,我们借鉴拜伦和肯尼(1986)提出的中介作用模型。通过对三个方程的回归来检验相关变量对劳动力就业的是否存在"中介作用"。

$$Y = \eta_1 + \lambda_1 X + \varepsilon_1 \qquad (4-3)$$

$$Z = \eta_2 + \lambda_2 X + \varepsilon_2 \qquad (4-4)$$

$$Y = \eta_3 + \lambda_3 X + \lambda_4 Z + \varepsilon_3 \qquad (4-5)$$

以上方程中,Y 是被解释变量,X 是解释变量,Z 是中介变量,η 是常数项,ε 为残差项 λ_1、λ_2、λ_3、λ_4 为回归系数,其中 λ_1 显著意味着被解释变量 Y 与解释变量 X 存在线性关系、λ_2 显著意味着中介变量 Z 与解释变量 X 存在线性关系。通过回归系数来推断中介作用是否存在具体可分为三种情况：一是不存在中介作用，此时 λ_2 或 λ_4 不显著，或二者都不显著；二是"部分的"中介作用，解释变量 X 对被解释变量 Y 的影响一部分是直接的，一部分是通过中介变量 Z 来实现的，此时 λ_1、λ_2、λ_4 均显著且 λ_3 与 λ_1 相比变化比较明显；三是"完全的"中介作用，即解释变量对被解释变量的影响全部是通过中介变量间接实现的，此时 λ_1、λ_2、λ_4 都显著，但 λ_3 不显著。

4.2 年长劳动力对年轻劳动力就业的替代效应

4.2.1 数据来源与描述性统计[①]

各行业[②]的用人需求数据来自历年国家人社部公布的《部分城市公共就业服务机构市场供求状况分析》，由中国劳动力市场信息网监测中心进行统计，描述了来自全国 100 个左右[③]的城市劳动力市场供求状况，样本涵盖了华北、东北、华东、中南、西南、西北等区域的主要城市，市区从业人员可占全国地级以上城市市区从业人员的 50% 以上，2005 年达到 69%。该系列分析报告是按季度进行发布的，可以观察到的是，市场求人倍率具有明显的季节周期，总体呈现"W"形变化趋势，一般来说第二季度市场需求最低，第四季度需求最高。因此，我们选用第四季度的行业需求状况来表征当年的市场需求，具有较好的代表性。2005 年之前的数据较少且统计口径有所不同，可使用的用人需求数据只有 2005 年、2006 年、2007 年、2010 年和 2011 年、2012 年、2015 年、2016 年的部分行业。分年龄、性别就业比例、行业 GDP、行业平均工资、各行业就业人员高等教育比例、就业总人数等数据均来自相应年份的《中

---

① 由于主要中介变量的不同，4.2.3 部分使用的是省级面板数据，数据和变量情况见 4.3.1。

② 国民经济行业分类，采用国家标准管理部门 2011 年颁布的《国民经济行业分类（GB/T 4754－2011）》。

③ 2005 年、2006 年、2007 年、2010 年、2011 年、2012 年、2015 年、2016 年参与统计的城市数分别为 116 个、101 个、94 个、106 个、91 个、103 个、97 个、98 个。

国劳动统计年鉴》,用来平减行业 GDP 和行业平均工资的指数为居民消费价格指数（CPI）,来自各年的《中国统计年鉴》。各变量设定如下。

(1) 核心变量。各年龄段就业比例为该年龄段就业人员占本行业全部就业人员的比例。其中,年轻劳动力为 20~29 岁就业人员,年长劳动力为 55 岁以上就业人员,老年男性定义为 55 岁以上男性,老年女性定义为 50 岁以上女性。行业需求：特定行业的需求人数占全部行业需求人数的比重。

(2) 控制变量。行业实际 GDP：使用 1978 年为基期的 CPI 除名义行业 GDP。实际平均工资：类似地,使用 1978 年为基期的 CPI 进行平减。高等教育比例：各行业中,高等职业、大学专科、大学本科和研究生就业人员所占的比例。就业总人数：各行业城镇单位就业人员年末人数。主要变量的描述性统计参看表 4-1。

表 4-1　　　　按三次产业分类的主要变量描述性统计

变量	第一产业 均值	第一产业 方差	第二产业 均值	第二产业 方差	第三产业 均值	第三产业 方差
年轻劳动力比例	12.95	2.47	20.21	5.07	25.67	7.48
年长劳动力比例	25.81	6.03	5.35	1.54	5.84	2.78
年轻男性比例	13.08	2.32	19.69	4.99	23.26	7.68
年长男性比例	28.04	5.50	6.59	1.63	8.13	3.41
年轻女性比例	12.89	2.73	21.55	5.28	28.67	8.35
年长女性比例	36.41	8.00	6.83	2.38	8.97	4.37
行业需求（%）	1.88	0.10	11.83	13.33	5.94	5.32
行业实际 GDP（亿元）	7683.60	22.41	8160.96	91.72	2516.38	24.11
实际平均工资（元）	3370.17	13.91	7108.16	26.97	8023.70	36.94
高等教育比例	0.74	0.79	17.47	12.50	38.42	22.22
就业总人数（万人）	364.39	71.22	1642.56	1556.80	520.68	464.89

注：以国家统计局 2012 年制定的《三次产业划分规定》为依据。

表 4-1 的统计结果显示,第二产业和第三产业的年轻劳动力就业比例较高,年长劳动力就业比例较低。第二产业的行业平均用人需求较

高。第三产业的高等教育比例显著高于第一和第二产业,实际平均工资也较高。可以看出,行业的教育水平需求、平均工资都是影响劳动力就业的重要因素。但由于没有控制相关变量,无法对年长劳动力就业如何影响年轻劳动力就业给出确定的分析结果,还需要进一步实证检验。

4.2.2 岗位占用效应

年轻劳动力就业受到供给和需求双方的影响。而在岗位稀缺的情况下,需求方面的影响因素就成了年轻劳动力就业的关键。简单来看,年长劳动力就业增加意味着一部分本可以提供给年轻人的岗位将被占用,或使严峻的年轻劳动力就业形势更趋恶化,即所谓的"岗位占用效应"。特别是在国家机关和事业单位中,论资排辈的传统尤为突出,"岗位占用效应"或将更加明显。

通过对方程式(4-1)的回归,我们使用固定效应模型估计了行业层面上年长劳动力就业对年轻劳动力就业的影响,表4-2第2列和第3列的回归结果表明,在某一行业中,年长劳动力就业对年轻劳动力的就业将产生负效应。其中,第2列的回归中仅包含年长劳动力就业比例这一核心解释变量,该变量的系数在1%的水平上显著。第3列的回归中加入了行业实际GDP、行业实际平均工资、行业高等教育比例、行业就业总人数等控制变量后,年长劳动力就业比例的估计系数仍在1%水平上显著为负。

表4-2　　　　劳动力就业代际影响的岗位占用效应

自变量	因变量				
	年轻劳动力就业比例	年轻劳动力就业比例	行业需求	年轻劳动力就业比例	年轻劳动力就业比例
	(1)	(2)	(3)	(4)	(5)
年长劳动力就业比例	-0.622*** (-6.70)	-0.756*** (-7.23)	-0.631*** (-4.54)		-0.323* (-1.92)
行业需求				0.775*** (6.92)	0.683*** (5.96)

续表

自变量	因变量				
	年轻劳动力就业比例	年轻劳动力就业比例	行业需求	年轻劳动力就业比例	年轻劳动力就业比例
	(1)	(2)	(3)	(4)	(5)
实际 GDP		0.078*** (3.96)	0.102*** (5.34)	-0.015 (-0.61)	-0.003 (-0.14)
实际平均工资		0.032 (1.57)	0.003 (0.16)	0.098*** (4.11)	0.083*** (3.64)
高等教育比例		0.044 (1.38)	-0.116*** (-3.94)	0.116*** (3.18)	0.094*** (2.69)
就业总人数		-0.004*** (-3.97)	-0.001 (-0.80)	-0.003** (-2.42)	-0.003*** (-2.71)
常数项	27.996*** (33.39)	25.235*** (15.00)	10.338*** (5.90)	12.805*** (8.68)	16.369*** (7.27)
观测值	159	139	97	98	97

注：括号内为 t 统计量，***、**、* 分别代表在1%、5%、10%水平上显著。

由表4-2第4列的回归结果，我们发现，控制了其他变量之后，年长劳动力就业比例对行业需求呈显著的负向影响。第5列的回归结果表明，行业需求越高，年轻劳动力就业比例越大，这是符合经济学常识的，因为一般来说总体用人需求的60%以上都是对16~34岁劳动力的需求[①]。第6列的回归中包含年长劳动力就业比例和行业需求，结果表明行业需求的估计系数仍在1%水平上显著，而年长劳动力就业比例的系数绝对值较第3列下降幅度达50%以上，且显著性也有所降低。根据拜伦和肯尼的中介作用模型，这表明"岗位占用效应"可以为年长劳动力就业对年轻劳动力就业负效应提供较好的解释：当年长劳动力就业增多时，由于短期内行业中的岗位数量并不能迅速扩张，企业的用人需求将会降低，而对年轻劳动力的需求占总需求的一半以上，因此年轻劳动力就业受到的负面影响较大。"岗位占用效应"有效需要满足两个假设：一是短期内岗位数量相对固定；二是劳动力市场中的供给充足。

---

① 根据历年《部分城市公共就业服务机构市场供求状况分析》数据统计得出。

关于行业层面上年轻劳动力就业的其他影响因素，年轻劳动力就业比例与行业 GDP 是正相关的。平均工资越高、高等教育比例越高的行业，年轻劳动力就业比例越高。就业总人数越多的行业，年轻劳动力就业比例越低。

进一步通过分性别的样本进行回归，可以看出不同性别劳动力之间的就业竞争关系。表 4-3 的第 2 列和第 5 列的回归结果表明，年长男性和年长女性就业均会对年轻劳动力就业产生负面影响，系数估计值均在 1% 水平上显著为负，且年长女性就业比例的系数绝对值大于年长男性，说明年长女性就业比例的增加对年轻劳动力的替代效应比年长男性更为明显。由第 3 列和第 6 列的回归结果可以看出，年轻男性就业受到年长男性和年长女性就业的负影响都很显著，其中年长男性就业对年轻男性就业的负效应更强。对比第 4 列和第 7 列的回归结果，我们发现年长男性和女性就业比例的估计系数都在 1% 水平上显著为负，且年长女性就业比例系数的绝对值大于年长男性就业比例。从总体来看，年长劳动力就业比例增加 1 个百分点，年轻劳动力的就业比例将下降 0.26~0.49 个百分点，这一估计值与刘阳等（2017）测算的代际就业替代率差别不大。我们发现，年轻女性受年长劳动力就业的影响较男性更大，这说明女性在劳动力市场中仍处于相对弱势地位，不仅求职难度较大且更易受到外界因素的冲击。此外还可以看出，相同性别的劳动力代际就业替代率更高，这是由于很多行业和岗位具有明显的性别就业差异，在这个意义上来说同性别的劳动力同质性更高些，比如采矿业和建筑业中男性比重很高，性别之间的就业替代效应比较微弱。

表 4-3　　　　分性别的劳动力就业代际影响的岗位占用效应

自变量	因变量					
	年轻劳动力就业比例	年轻男性就业比例	年轻女性就业比例	年轻劳动力就业比例	年轻男性就业比例	年轻女性就业比例
	(1)	(2)	(3)	(4)	(5)	(6)
年长男性就业比例	-0.265* (-1.87)	-0.305** (-2.31)	-0.358** (-2.11)			
年长女性就业比例				-0.340*** (-3.12)	-0.285*** (-2.76)	-0.493*** (-3.87)

续表

自变量	因变量					
	年轻劳动力就业比例	年轻男性就业比例	年轻女性就业比例	年轻劳动力就业比例	年轻男性就业比例	年轻女性就业比例
	(1)	(2)	(3)	(4)	(5)	(6)
行业需求	0.702*** (6.31)	0.664*** (6.43)	0.629*** (4.72)	0.613*** (5.48)	0.607*** (5.73)	0.505*** (3.87)
实际GDP	-0.005 (-0.23)	0.005 (0.23)	-0.009 (-0.30)	0.011 (0.48)	0.016 (0.72)	0.014 (0.49)
实际平均工资	0.078*** (3.30)	0.099*** (4.52)	0.066** (2.34)	0.079*** (3.30)	0.104*** (4.58)	0.068** (2.42)
高等教育比例	0.108*** (3.18)	0.018 (0.56)	0.175*** (4.30)	0.092** (2.61)	0.004 (0.14)	0.149*** (3.63)
就业总人数	-0.003*** (-2.67)	-0.004*** (-3.36)	-0.003* (-1.86)	-0.004*** (-3.25)	-0.004*** (-3.76)	-0.003** (-2.54)
常数项	16.381*** (7.15)	16.400*** (7.70)	18.685*** (6.81)	18.394*** (8.01)	17.207*** (7.93)	21.725*** (8.10)
观测值	97	97	97	88	88	88

注：括号内为t统计量，***、**、*分别代表在1%、5%、10%水平上显著。

就业代际影响的岗位占用效应还可能体现在"近龄替代"之中，因为年龄相近的劳动力同质性更强。表4-4考察了这种机制，第2列中，年长劳动力就业的系数为负，但不显著，但从第3列和第4列的回归结果可以看出，年长男性就业对壮年男性就业的负效应在1%水平上显著，年长女性就业对壮年女性就业的估计系数同样显著，且绝对值更大，说明负效应更强。从第5~7列的估计结果我们发现，不论是从总体样本还是从分性别的子样本来看，壮年劳动力就业对年轻劳动力就业均形成较强的替代效应，三个系数的估计值都在1%水平上显著。以上结果说明，从行业层面来看，近龄替代在岗位占用效应中发挥重要作用：年长劳动力就业增加，即延迟退休或退休后重返劳动力市场，将减缓壮年和年轻劳动力的晋升步伐，使岗位流动性变差，进而影响企业对新进劳动力的需求，不利于年轻劳动力就业。

表4-4　　　劳动力就业代际影响岗位占用效应的近龄替代

自变量	因变量					
	壮年劳动力就业比例	壮年男性就业比例	壮年女性就业比例	年轻劳动力就业比例	年轻男性就业比例	年轻女性就业比例
	(1)	(2)	(3)	(4)	(5)	(6)
年长劳动力就业比例	-0.120 (-0.98)					
年长男性就业比例		-0.211* (-1.93)				
年长女性就业比例			-0.254*** (-2.72)			
壮年劳动力就业比例				-0.811*** (-15.39)		
壮年男性就业比例					-0.750*** (-12.73)	
壮年女性就业比例						-0.659*** (-10.18)
实际GDP	-0.088*** (-3.80)	-0.091*** (-4.05)	-0.085*** (-3.33)	-0.054*** (-3.71)	-0.051*** (-3.22)	-0.062*** (-3.07)
实际平均工资	-0.015 (-0.61)	-0.024 (-1.01)	0.003 (0.10)	0.076*** (5.34)	0.096*** (6.17)	0.095*** (4.81)
高等教育比例	-0.014 (-0.37)	0.042 (1.13)	-0.070* (-1.67)	0.025 (1.07)	-0.028 (-1.09)	0.041 (1.24)
就业总人数	0.005*** (3.70)	0.005*** (4.11)	0.005*** (3.35)	0.003*** (3.64)	0.003*** (3.12)	0.003*** (3.01)
常数项	69.991*** (35.57)	69.766*** (34.94)	66.139*** (29.83)	72.487*** (19.45)	66.590*** (16.41)	59.330*** (13.91)
观测值	139	139	123	140	140	140

注：括号内为t统计量，***、*分别代表在1%、10%水平上显著。

4.2.3 就业延迟效应

1. 代理变量的选择和定义

我们使用各省的每十万人口高等教育平均在校生数作为"就业延

迟"效应的核心变量。逻辑上，由于严峻的就业形势和人才供需的结构性矛盾，继续上学或重返校园是毕业生回避就业的一个重要渠道，因而高等教育在校生比例与年轻劳动力的就业率呈负相关。如前所述，年长劳动力就业率增加短期内会造成行业用工需求减少，将助推严峻的就业形势。我们通过中介效应模型来检验就业延迟效应是否可以解释年长劳动力就业对年轻劳动力就业的挤出。

2. 实证结果与分析

具体实证结果如表 4 – 5 第 2 ~ 6 列所示。根据第 2 列和第 3 列的回归结果，在地区层面上，年长劳动力就业率与年轻劳动力就业率呈显著的正相关。其中，第 2 列的系数估计值为 0.295，第 3 列加入控制变量后，估计值降低为 0.194，但仍在 10% 水平上显著。由第 4 列的回归结果可以看出，年长劳动力就业率与高等教育在校生比例呈不显著的负相关，根据拜伦和肯尼的中介作用模型，这已经说明就业延迟无法解释劳动力就业的代际挤出效应。第 5 列的回归结果表明，高等教育在校生比例与年轻劳动力就业率呈不显著的负相关，第 6 列的回归中加入年长劳动力就业率之后，其回归系数差异不大，仍然为负且并不显著。而年长劳动力就业率对年轻劳动力就业率的影响仍然在 10% 水平上显著，其估计值为 0.190，和尚未引入就业延迟效应之前的估计值差别不大。鉴于此，我们没有发现年长劳动力就业通过就业延迟对年轻劳动力就业有挤出效应的证据。

表 4 – 5　　　　　劳动力就业代际影响的就业延迟效应

自变量	因变量				
	年轻劳动力就业率	年轻劳动力就业率	高等教育在校生比例	年轻劳动力就业率	年轻劳动力就业率
	(1)	(2)	(3)	(4)	(5)
年长劳动力就业率	0.259*** (2.76)	0.194* (1.87)	– 184.334 (– 0.98)		0.190* (1.81)
高等教育在校生比例				– 3.06e – 05 (– 0.56)	– 2.13e – 05 (– 0.39)

续表

自变量	因变量				
	年轻劳动力就业率	年轻劳动力就业率	高等教育在校生比例	年轻劳动力就业率	年轻劳动力就业率
	(1)	(2)	(3)	(4)	(5)
人均GDP		1.43e-06 (0.80)	-0.003 (-0.98)	1.36e-06 (0.75)	1.36e-06 (0.75)
GDP增长率		0.008 (1.38)	-38.985*** (-3.71)	0.009 (1.48)	0.007 (1.16)
第二、第三产业比重		-0.006 (-0.48)	45.893** (2.12)	-0.008 (-0.61)	-0.005 (-0.39)
人口流动指数		-0.163 (-0.50)	-150.984 (-0.26)	-0.221 (-0.67)	-0.166 (-0.50)
常数项	0.541*** (14.32)	0.167 (0.13)	2924.045 (1.30)	0.369 (0.29)	0.229 (0.18)
观测值	142	142	142	142	142

注：括号内为t统计量，***、**、*分别代表在1%、5%、10%水平上显著。

这一回归结果与卡普蒂等（Kapteyn et al., 2010）的研究结论相似，但我们的回归系数不显著。该研究发现，在控制其他变量之后，老年人就业与年轻人在校比例呈显著的负相关关系，而年轻人在校比例与年轻人失业率的回归符号相同，说明就业形势严峻时年轻人的确会更多选择求学，但老年人就业并不会造成年轻人在校比例上升。

4.3 年长劳动力对年轻劳动力就业的促进效应

4.3.1 数据与描述性统计

本节我们使用省级层面的地区数据考察劳动力就业的代际促进效应，并采用中介效应模型分别对工作搜寻机制、消费拉动机制和投资拉动机制进行检验。其中，核心变量年轻和年长劳动力就业率根据2010~

2015 年 CGSS 的调查数据计算得出。该调查以城镇居民和农村居民为调查对象，调查内容涵盖了社会人口属性、迁移、健康、生活方式、社会态度、阶层认同、劳动力市场、社会保障、家庭等诸多方面。抽样覆盖了 31 个省级行政区的 100 个县级单位及 5 大都市，样本分布于东北、华北、西北、西南、华南、华东地区，在地理位置和经济发展水平等方面均具有较为广泛的代表性。2010~2019 年是 CGSS 项目的第二期，问卷设计的连续性较好，2010~2015 年是可得的最新数据。其他核心变量和控制变量，如劳动年龄人口、居民消费水平、投资率、产业比重、人口流动指数等，均由历年《中国统计年鉴》数据进行计算整理。本节所涉及的各变量含义如下：

（1）核心变量。地区年轻劳动力就业率：以 18~29 岁的劳动力就业人数除以该年龄段总人口数表示；地区年长劳动力就业率：以 55 岁以上男性和 50 岁以上女性的就业人数除以相同年龄段劳动力群体的总人口数表示；居民消费水平：各地区当年的居民消费水平并使用以 1978 年为基期的 CPI 进行平减；投资率：根据支出法计算的总投资额占国内生产总值的比重；劳动年龄人口：各省份的 15~64 岁人口数；劳动年龄人口密度：劳动年龄人口/土地面积。

（2）控制变量。人均 GDP：直接来源于《中国统计年鉴》；GDP 增长率：当年国内生产总值比去年增加的比例；第二、第三产业比重：第二产业和第三产业产值占国内生产总值的比例；人口流动指数：1 - 户籍人口/常住人口。我们将全部省份按地区进行划分①，各主要变量的描述性统计情况见表 4-6。

表 4-6　　　　　　　　　按地区划分的主要变量描述性统计

变量	东部地区		中部地区		西部地区	
	均值	方差	均值	方差	均值	方差
年轻劳动力就业率	0.69	0.12	0.56	0.09	0.64	0.11
年长劳动力就业率	0.29	0.12	0.45	0.12	0.49	0.15

---

① 地区划分标准依据国家统计局《东、中、西部和东北地区划分》，并将东北地区划归东部地区。

续表

变量	东部地区 均值	东部地区 方差	中部地区 均值	中部地区 方差	西部地区 均值	西部地区 方差
劳动年龄人口密度	6.24e+06	7.65e+06	2.55e+06	7.75e+05	8.52e+05	7.37e+05
劳动年龄人口	3.68e+07	2.28e+07	4.34e+07	1.27e+07	2.20e+07	1.50e+07
居民消费水平	14915.44	9043.75	8426.62	3919.46	7904.24	4300.27
投资率	51.87	10.78	53.82	9.95	69.23	18.43
人均GDP	44717.09	24643.31	23274.96	11598.91	22833.03	14394.76
GDP增长率	11.22	2.66	11.53	2.20	12.09	2.40
第二、第三产业比重	90.74	7.38	86.79	4.02	85.91	4.07
人口流动指数	0.23	0.15	0.11	0.05	0.13	0.07

从表4-6可以看出，东部地区年轻劳动力就业率最高，且年长劳动力就业率最低，中部地区年长和年轻劳动力就业率差距较小，而西部地区年长和年轻劳动力就业率都不低。东部地区和中部地区的劳动年龄人口差距不是很大，东部地区还略低于中部，但劳动年龄人口密度东部地区却是中部地区的2倍有余。此外，居民消费水平东部最高，而投资率则是西部地区最高。

4.3.2 消费拉动

1. 代理变量的选择和定义

人们退休之后家庭消费水平骤然下降的现象被称为"退休—消费之谜"，退休消费之谜说明就业和消费很可能是相关的，如果"退休—消费之谜"存在，年长劳动力不退休则将使居民消费水平升高。我们关注的是，年长劳动力就业增加是否会通过提高总体消费水平，进而拉动总需求，从而有利于年轻劳动力的就业，也就是说消费是否是年长劳动力就业促进年轻劳动力就业的中介因素。我们使用居民消费水平作为消费拉动机制的代理变量，并使用中介作用模型来检验消费拉动是否可以解释劳动力就业的代际促进效应。

2. 实证结果与分析

具体的实证结果如表4-7的第2~6列所示。其中，第2列和第3列的回归结果说明年长劳动力就业对年轻劳动力就业具有显著的正向作用。其中，第2列仅对年长劳动力就业率进行回归，估计系数为0.259，在1%水平上显著，第3列加入地区经济特征作为控制变量，估计系数略有下降，但仍在10%水平上显著为正。由第4列的回归结果，我们发现年长劳动力就业率对居民消费水平具有不显著的负效应，根据中介作用模型，这说明消费拉动机制无法为劳动力就业的代际促进作用提供较好的解释。但与经济学普遍认知不同的是，第5列和第6列的回归结果显示，居民消费水平与年轻劳动力就业率呈显著的负向关系。这种现象一方面可能是由于居民消费水平较低的地区，劳动工资水平也较低，企业利润增加并愿意提供较多的就业机会。另一方面，消费水平较高的地区，劳动工资水平一般也较高，地区工资率和劳动供给的关系更可能处于劳动供给曲线上向后弯折的部分，即工资水平越高，人们对闲暇的偏好越强，劳动参与率越低。当然，就业率对居民消费水平的反向因果关系也成立，就业率高的地区，居民可支配收入更高，居民消费水平更高，但这一内生性问题并不影响我们的结论。

表4-7　　　　　劳动力就业代际影响的消费拉动机制

自变量	因变量				
	年轻劳动力就业率	年轻劳动力就业率	居民消费水平	年轻劳动力就业率	年轻劳动力就业率
	(1)	(2)	(3)	(4)	(5)
年长劳动力就业率	0.259*** (2.76)	0.194* (1.87)	-1.2e+03 (-1.31)		0.163 (1.59)
居民消费水平				-2.74e-05*** (-2.63)	-2.53e-05** (-2.43)
人均GDP		1.43e-06 (0.80)	0.396*** (24.33)	1.23e-05*** (2.75)	1.15e-05** (2.56)
GDP增长率		0.008 (1.38)	-93.518* (-1.76)	0.007 (1.30)	0.006 (0.98)

续表

自变量	因变量				
	年轻劳动力就业率	年轻劳动力就业率	居民消费水平	年轻劳动力就业率	年轻劳动力就业率
	(1)	(2)	(3)	(4)	(5)
第二、第三产业比重		-0.006 (-0.48)	-213.630* (-1.96)	-0.014 (-1.21)	-0.011 (-0.94)
人口流动指数		-0.163 (-0.50)	6754.866** (2.26)	-0.023 (-0.07)	0.008 (0.02)
常数项	0.541*** (14.32)	0.167 (0.13)	2.6e+04** (2.30)	0.979 (0.78)	0.828 (0.66)
观测值	142	142	142	142	142

注：括号内为 t 统计量，***、**、*分别代表在1%、5%、10%水平上显著。

4.3.3 投资拉动

1. 代理变量的选择和定义

在排除了"消费拉动"机制之后，我们关注"投资拉动"是否可以解释劳动力就业的代际促进效应。如前所述，年长劳动力就业的提高，直接导致抚养比的下降，并有助于资本的形成。而当资本有机构成不变时，资本的积累将增加对劳动力的需求，这是因为适度较高的投资率能够创造更多的就业机构。我们选择按支出法计算的地区投资率，即总投资占国内生产总值的比率作为投资拉动机制的代理变量，加入中介作用模型来考察投资拉动机制是否可以解释年长劳动力就业对年轻劳动力就业的促进效应。

2. 实证结果与分析

表4-8报告了具体的回归结果。如第2~6列所示，我们发现投资拉动机制并不能为劳动力就业的代际促进效应提供较好的解释。其中，第2列和第3列用年长劳动力就业率对年轻劳动力就业率进行回归，得到的回归系数作为参照。第4列的回归结果显示年长劳动力就业率对总

投资率的影响在5%水平上显著为负。很可能是由于年长劳动力就业的增加使得劳动力资源更为丰富,企业可以选择更加劳动密集型的生产方式,当劳动和资本的替代性较强时,不利于资本的追加。这一效应在一定程度上抵消了抚养比下降对资本形成的正效应,从而二者呈负相关关系。第5列和第6列中,投资率对年轻劳动力就业率的影响呈不显著的负效应,这说明年轻劳动力就业率与投资率没有显著的相关关系。其中,第6列的年长劳动力就业率系数估计值为0.180,与第3列中未加入投资率时的估计系数0.194相差不大,且都在10%水平上显著。由中介作用模型可知,投资率不是年长劳动力就业和年轻劳动力就业的中介变量。

表4-8　　　　　劳动力就业代际影响的投资拉动机制

自变量	因变量				
	年轻劳动力就业率	年轻劳动力就业率	投资率	年轻劳动力就业率	年轻劳动力就业率
	(1)	(2)	(3)	(4)	(5)
年长劳动力就业率	0.259*** (2.76)	0.194* (1.87)	-17.083** (-2.14)		0.180* (1.69)
投资率				-1.24e-03 (-0.99)	-7.99e-04 (-0.63)
人均GDP		1.43e-06 (0.80)	-1.2e-05 (-0.09)	1.44e-06 (0.80)	1.42e-06 (0.79)
GDP增长率		0.008 (1.38)	-0.352 (-0.79)	0.010* (1.68)	0.008 (1.32)
第二、第三产业比重		-0.006 (-0.48)	-1.255 (-1.36)	-0.010 (-0.85)	-0.007 (-0.56)
人口流动指数		-0.163 (-0.50)	-19.088 (-0.76)	-0.236 (-0.71)	-0.178 (-0.54)
常数项	0.541*** (14.32)	0.167 (0.13)	226.084** (2.36)	0.550 (0.43)	0.348 (0.27)
观测值	142	142	142	142	142

注:括号内为t统计量,***、**、*分别代表在1%、5%、10%水平上显著。

4.3.4 工作搜寻

1. 代理变量的选择和定义

在排除"消费拉动机制"和"投资拉动机制"对劳动力就业代际促进效应的中介作用之后,我们关注工作搜寻机制能否解释劳动力就业代际促进效应。逻辑上,年长劳动力就业将会直接带来劳动适龄人口的增加,相应的求职者数量增加。根据 DMP 理论,求职者越多岗位供给的数量越多,从而带动就业的增长,年轻劳动力作为最主要的求职群体和就业弱势群体,也将从中获益。此前,苏春红等(2015)和刘阳等(2017)均使用劳动适龄人口作为工作搜寻机制的代理变量。而根据工作搜寻机制的内涵,求职者数量越多,企业寻找到合适劳动力的成本较低,就会倾向于增加雇用。其中的"求职者数量"实际上应该是"密度"概念而不只是"数量"概念,即单位面积的地区内求职者数量。我们使用劳动适龄人口密度作为工作搜寻机制的代理变量,即地区内的劳动适龄人口数量除以地区行政面积。

2. 实证结果与分析

根据表 4-9 的回归结果,我们发现工作搜寻机制可以较好地解释年长劳动力就业对年轻劳动力就业的促进作用,且这一机制是求职者增加的"密度"效应而不是"数量"效应。年长劳动力就业率提高,相当于提高劳动适龄人口的年龄上限,短期内将直接增加劳动适龄人口数量和密度。表 4-9 的第 2 列回归结果显示,年长劳动力就业对年轻劳动力就业的影响是正向的,系数在 10% 水平上显著,估计值为 0.194。从第 3 列可以看出,劳动适龄人口密度对年轻劳动力就业率具有显著的正效应。第 4 列加入劳动适龄人口密度之后,年长劳动力就业率的估计系数有所降低,并且不那么显著了。由拜伦和肯尼的中介作用模型,这说明年长劳动力就业对年轻劳动力就业的正效应存在一种"完美的"中介作用,即这一正效应完全是通过工作搜寻机制间接实现的。我们进一步验证了劳动适龄人口数量的中介作用是否存在。从第 5 列和第 6 列回归结果我们发现,劳动适龄人口数量对劳动力就业的代际促进作用不能提供有效的解释。其中,第 5 列回归结果显示劳动适龄人口密度与年轻劳动力就业率的正相关关系不显著,而第 6 列中同时加入年长劳动力就业率和劳动适龄人口数量,劳动适龄人口的系数仍然不显著,且年长劳动力就业率的估计系数和显著性变化都不大。

表 4 – 9　　　　　劳动力就业代际影响的工作搜寻机制

自变量	因变量				
	年轻劳动力就业率	年轻劳动力就业率	年轻劳动力就业率	年轻劳动力就业率	年轻劳动力就业率
	(1)	(2)	(3)	(4)	(5)
年长劳动力就业率	0.194* (1.87)		0.166 (1.60)		0.186* (1.78)
劳动适龄人口密度		9.07e−08** (2.05)	8.00e−08* (1.80)		
劳动适龄人口				1.90e−08 (1.01)	1.61e−08 (0.86)
人均 GDP	1.43e−06 (0.80)	1.07e−06 (0.60)	1.09e−06 (0.61)	1.15e−06 (0.63)	1.17e−06 (0.64)
GDP 增长率	0.008 (1.38)	0.011* (1.92)	0.009 (1.53)	0.010* (1.79)	0.008 (1.38)
第二、第三产业比重	−0.006 (−0.48)	−0.006 (−0.55)	−0.004 (−0.34)	−0.009 (−0.75)	−0.006 (−0.49)
人口流动指数	−0.163 (−0.50)	−0.430 (−1.26)	−0.358 (−1.05)	−0.310 (−0.91)	−0.244 (−0.71)
常数项	0.167 (0.13)	−0.271 (−0.21)	−0.305 (−0.24)	−0.329 (−0.24)	−0.349 (−0.25)
观测值	142	142	142	142	142

注:括号内为 t 统计量,**、* 分别代表在 5%、10% 水平上显著。

4.4　本章小结

本章主要分析劳动力就业代际影响的劳动力市场机制。首先,使用

OECD 的时间序列数据和最新截面数据对年长和年轻劳动力就业的关系进行直观的统计分析，结果发现年长劳动力就业和年轻劳动力就业的关系可能是双向的。一方面，年长劳动力就业的增多可能对年轻人的就业产生了不利影响。另一方面，年长者的就业对劳动力资源进行了有效的补充，促进了经济的健康运行，为年轻劳动力提供了更多的就业机会。其次，分别从竞争机制和促进机制两个方面对年长劳动力就业对年轻劳动力就业可能的影响路径进行了理论分析。其中，竞争机制包括岗位占用效应和就业延迟效应，促进机制包括消费拉动、投资拉动和工作搜寻三种机制。最后，分别使用行业和地区层面的数据，并借鉴拜伦和肯尼的中介作用模型，分别对竞争和促进两个方向的五种机制进行了实证研究，结果发现：年长劳动力就业对年轻劳动力就业的影响是双向的，其中岗位占用效应可以为竞争机制提供较好的解释，而工作搜寻机制可以较好地解释劳动力就业代际促进效应。

同时，研究岗位占用机制时，我们还发现从行业层面来看，年长女性就业比例的增加对年轻劳动力的替代效应比年长男性更为明显；年轻女性受年长劳动力就业的影响较男性更大；相同性别的劳动力代际就业替代率更高；近龄替代在岗位占用效应中发挥重要作用。这是由于很多行业和岗位具有明显的性别就业差异的原因。研究工作搜寻机制时，与已有文献不同的是，我们使用了劳动适龄人口密度作为工作搜寻机制的代理变量，并发现工作搜寻机制在解释年长劳动力就业对年轻劳动力就业的促进作用时，求职者增加的"密度"效应比"数量"效应更为有效。

此外，我们排除了就业延迟效应、消费拉动机制和投资拉动机制在年长劳动力就业对年轻劳动力就业影响中的中介作用。然而，由年长劳动力就业增加而引起的年轻人过度教育和就业延迟、消费水平提高而总需求上升、抚养比下降而投资率提高，进而影响年轻劳动力就业率的机制均需要一定的反应时间，但由于所使用的数据为短面板数据，时间跨度较短，暂时还无法验证这些机制是否只是在短期内无效，而在长期中有效。这也将是今后研究的努力方向之一。

即便是谨慎而言，在行业层面，年长劳动力就业率的增加在短期内对年轻劳动力就业所造成的岗位占用效应也是切实存在的。这一结论在邓大松教授负责的《中国社会保障改革与发展报告》中也有佐证：我国每年新增的1000万左右就业岗位中，1/3来自退休人员的更替；而我国劳动力数量富余的状况在2020年以前不会发生根本改变。因此，如果提高年长劳动力就业率，短期内将对年轻劳动力就业产生岗位占用效应。而在地区层面上来看，年长劳动力就业增加直接增加适龄劳动人口密度，由DMP理论可知将降低企业的劳动力搜寻成本，增加企业的岗位供给意愿，从而促进年轻劳动力就业。鉴于上述结论，年长劳动力就业增加在一部分行业和岗位上会对年轻劳动力就业产生影响，但是这种负效应是有限的。

第5章

劳动力就业代际影响的家庭代际转移机制分析

5.1 父代就业对子代就业的影响路径

我国家庭文化的重要特征之一就是家庭直系亲属之间紧密的代际联系,这体现在经济联系和社会联系等多个方面。常识和经验研究(杨馥、郑丽,2017)都表明,在家庭中,父代的就业状况将会影响子代的就业状况。例如,如果年长的父母退出劳动力市场并负责照料未成年的孙子女,将会大大减轻年轻子女特别是年轻女性的抚幼负担,从而促进年轻人的就业。而如果父母工作取得收入,并将收入用于为子女购买商品或家庭服务如雇佣保姆等,也能使年轻子女从繁重的家务劳动和抚幼负担中解脱出来并进入劳动力市场。因此父代的就业状况对子女就业影响的方向无法确定。从微观家庭的角度出发,年长父母就业通常会通过两种路径来影响子代的就业状况。第一种途径为代际财务转移,比如父母就业取得经济收入,如果用于自己的家庭养老或为子女提供经济帮助,子女的养老压力和生活压力就会相应减小,就业动机可能会减弱。第二种途径为代际非财务转移,比如父母就业的增加,其劳动时间很可能挤出他们的隔代照料时间,此时子代特别是女性子代的抚幼负担较重,退出劳动力市场的可能较大。再如父母在工作岗位上对其自身发展有较大助益,可体现在其社会资源的丰富和职业价值观的与时俱进等方面，这些因素都很可能影响其子代的就业。

5.1.1 家庭代际财务转移

获得经济收入是就业的首要目的，就业是就业人员及其家庭成员维持正常生活的主要途径。而与之相关的家庭财务转移一直以来都是研究代际关系关注的重要内容。约翰·考德威尔（John Caldwell，1976）的"财富流理论"提出，家庭内部、亲代与子代之间存在着物质财富和非物质财富流动的代际财富流。李银河（2011）以甘肃为样本的调查发现，60%的父母会资助或照料成年子女，而一半左右的成年子女会资助或照料父母。一般而言，子女成长过程中父母抚育子女，家庭财富由父母流向子女；子女成年后，家庭财富由子女流向父母，由此实现子女对父母的赡养义务（伍海霞，2015）从宏观角度来看，代际财务转移是家庭储蓄的重要动机，同时它在社会资本积累中的作用也不可小觑（Kotlikoff & Summers, 1981; Gale & Scholz, 1994; Laitner, 1997），有效的代际财务转移甚至会影响公共政策的实施效果。从微观角度来看，收入在代际间的流动是家庭代际转移的重要中介因素。例如，父母的人力资本通过取得收入并使用于子代人力资本投资，完成家庭人力资本的代际流动。从常识直觉出发，父母工作取得经济收入将有利于家庭代际的财务向下转移。反之，父母没有经济收入时通常由子女提供代际的财务向上转移来完成家庭养老职能。我们所关注的是，这两种和父母就业相关的家庭代际财务转移如何影响年轻子女的就业。

一方面，随着人民消费水平的提高和我国养老制度体系的日益完善，家庭代际财务"向下转移"，也被称为"经济护理"（economic outpatient care）的现象越加普遍，父母为成年子女提供经济支持（如提供住房、提供餐费、购买婚房、结婚支出、孙辈教育支出等）和劳务帮助（如帮做家务、照料孙辈等）成为家庭代际转移中的主要形式。其中，经济支持容易使成年子女形成财务错觉，父母的财务转移使得子女拥有超过自身可得的较高的经济收入水平，这些成年子女承担的养老和生活压力降低，因而他们为了获得经济收入而就业的动机相应减弱。这种机制下父母的就业会在一定程度上挤出子女的就业，或使子女更容易接受工资率较低的工作。从更宽泛的就业含义上来说,没有受到父母财务转移的子女收入取得和消费规划动力和能力较强,家庭资产积累较快,通过创业带动就业的可能性较大。而由父母财务转移导致的"财务错觉"使子女更倾向于消费高价格的商品,支出水平居高不下,资产积累较慢,其创业的条件也相对不足。

另一方面,家庭养老功能的物质赡养通过家庭代际财务的"向上转移"来维系,这一过程中子女为父母提供经济支持(也称为"赡养费"),保障必需的日常开支和医疗条件。田青等(2016)的研究发现,子代回报父代的传统孝道模式仍然发挥着重要作用:子代对父代的财务支持大于75%,远高于父代对子代提供的经济帮助。这一过程中,养老的代际支付无疑会加重青年子女在职群体的经济负担,这种家庭代际的财务向上转移很可能会影响年轻人的劳动参与决策:当年轻的子代要为赡养他们的父母提供必要的费用时,其劳动力供给会增加(Wolf & Soldo, 1994; Ettner, 1996)。

本部分的研究主要基于 CFPS 2016 数据,该数据调查的对象为除港澳台、新疆、西藏、青海、内蒙古、宁夏、海南之外的 25 个省份,调查重点关注中国居民的经济与非经济福利,囊括人口迁移、经济活动、家庭关系与家庭动态、身心健康、教育获得等诸多主题。CFPS 2016 是 CFPS 项目的第三轮追踪数据,是可得且最新的数据,样本所在地区的人口覆盖了中国除香港、澳门、台湾外总人口数的 94.5%,可以视为全国代表性样本,2016 年 CFPS 样本量为 14033 个家庭,33296 个成人。

我们从 CFPS 2016 数据中筛选出至少有一个 16 岁以下未成年子女的家庭,表 5-1 给出了按收入等级划分的家庭代际财务转移和非财务转移(主要为家庭照料性劳务)情况。初步分析发现,我国家庭代际财务转移呈现出如下特征。

表 5-1 不同收入水平的家庭代际财务和非财务转移的家庭数(比例)

家庭年收入 (千元)	财务转移		非财务转移		财务且非财务转移	
	向上转移	向下转移	向上转移	向下转移	向上转移	向下转移
(0, 10)	255(29.01%)	30(3.41%)	250(28.44%)	128(14.56%)	85(9.67%)	24(2.73%)

续表

家庭年收入（千元）	财务转移 向上转移	财务转移 向下转移	非财务转移 向上转移	非财务转移 向下转移	财务且非财务转移 向上转移	财务且非财务转移 向下转移
(10, 20)	433(30.64%)	51(3.61%)	379(26.82%)	195(13.80%)	130(9.20%)	43(3.04%)
(20, 30)	648(32.64%)	62(3.12%)	584(29.42%)	265(13.35%)	175(8.81%)	51(2.57%)
(30, 40)	703(35.89%)	64(3.27%)	587(29.96%)	252(12.86%)	184(9.39%)	48(2.45%)
(40, 50)	646(36.50%)	54(3.05%)	481(27.18%)	206(11.64%)	157(8.87%)	41(2.32%)
(50, 60)	585(36.33%)	63(3.91%)	417(25.90%)	219(13.60%)	125(7.76%)	56(3.48%)
(60, 70)	457(39.81%)	51(4.44%)	296(25.78%)	175(15.24%)	83(7.23%)	46(4.01%)
(70, 80)	416(42.58%)	34(3.48%)	280(28.66%)	129(13.20%)	70(7.16%)	29(2.97%)
(80, 90)	283(39.25%)	22(3.05%)	213(29.54%)	88(12.20%)	54(7.48%)	18(2.50%)
(90, 100)	329(38.93%)	30(3.55%)	211(24.97%)	119(14.08%)	67(7.93%)	26(3.08%)
(100, 150)	537(40.41%)	71(5.34%)	342(25.73%)	201(15.12%)	106(7.98%)	60(4.51%)
(150, 200)	214(40.23%)	25(4.70%)	138(25.93%)	78(14.66%)	34(6.39%)	23(4.32%)
(200, 400)	169(41.42%)	13(3.19%)	105(25.73%)	68(16.67%)	30(7.35%)	12(2.94%)
合计	5675	570	4283	2123	1300	477
合计占比	36.43%	3.66%	27.50%	13.63%	8.35%	3.06%

注：根据 CFPS 2016 数据整理，只包含家庭中有 16 岁以下孙子女的家户。

1. 高收入家庭中的代际财务转移发生概率更高

在家庭代际财务转移方面，高收入家庭组中的 40% 以上的家庭进行了向上财务转移。随着年收入的减少，家庭代际向上财务转移比率逐渐下降，家庭年收入最低组中进行向上财务转移的家庭数降至 30% 以下。代际财务转移和收入之间的这种积极关系也体现在父母向子女的财务转移上：仅就家庭代际向下转移来看，低收入群体中的 14.56% 的家庭进行了非财务转移，而只有 3.41% 的家庭进行财务转移；高收入家庭往往比低收入家庭向子代转移更多的收入而不是家庭照料。仅就家庭代际向上转移来看，29.01% 的最低收入水平家庭进行了财务转移，28.44% 的家庭进行了非财务转移，二者比例相当，说明对于低收入水平家庭而言，对父母的物质赡养和非物质赡养两种方式平分秋色。而对于高收入家庭来说，进行财务转移家庭（41.42%）是非财务转移的家庭（25.73%）的1.6倍，这说明高收入的家庭更倾向于向父母提供经济支持而不是生活照料。

2. 家庭向下非财务转移和收入的相关性较低

在家庭代际非财务转移方面，15%的中等收入家庭进行了向下非财务转移，对于非常富有和非常贫穷的家庭来说，这一比例并没有显著差异，这说明家庭向下非财务转移和家庭收入之间没有明显的关系。可见无论家庭的收入状况如何，都会进行非财务向下转移，这一过程中体现了父母对子女的代际支持。而代际向上非财务转移也显示出类似的特征，但相对来说年收入超过10万元的家庭中子女为父母提供的生活照料的比例较低（这一差异为4%左右），一方面可能是由于高收入伴随着较长的工作时间和较少的闲暇，另一方面高收入的子女在面对老年照料责任时更可能购买商业化的家政服务。由此看来，代际非财务转移在不同收入水平家庭中的分配比代际财务转移的偏差更小。这种现象很容易解释非财务的家务劳动和家庭照料与提供者的财务状况关系不大，而与提供者的健康状况、工作和闲暇状态以及代际之间关系的亲密程度有较高的相关关系。

3. 家庭代际向下财务转移通常伴随着非财务转移

从既进行财务转移又进行非财务转移的家庭来看，在进行向上财务转移的家庭中（5675户），还有不到1/4（22.9%）进行了非财务转移，而4283户在进行了非财务转移的情况下，30.35%的人也做出了财务转移。有8.35%（或1300个家庭）同时进行了财务和非财务的向上转移。可以看出，一是对父母的赡养义务更多地表现为物质赡养。由于成年子女通常属于劳动适龄人口，具备就业并取得收入的能力，如果父母不需要生活上的照料，则子女只需对其提供经济支持。二是为父母提供生活照料的子女，也很可能同时给予父母赡养费，这主要是因为能够照料父母的子女一般与父母居住距离较近，二者生活上的交叉较多，因而代际间的财务转移较为频繁。三是低收入水平的家庭中，向父母既提供财务转移又提供生活照料的比例更高。

在进行向下财务转移的家庭中（570户），83.68%的家庭也进行了非财务转移，而2123户在进行了向下非财务转移的情况下，只有22.47%的家庭同时做出了财务转移。只有3.06%（或477个家庭）同时进行了财务和非财务的向下转移。说明父母在提供家务劳动和照料服务的过程中，大多不再为子女提供经济支持。而对子女进行财务转移的父母，绝大多数还为子女提供家务劳动或家庭照料等服务。既对子女财务支持又为其提供家务服务的，在高收入水平家庭中所占比例较高。可见家庭代际向下转移的方式以非财务转移为主，虽然在我国年长的父母为子女提供隔代照料的现象非常普遍，但一般以结婚为分界点子代开始经济独立。因此向下财务转移的家庭比例较低，且通常伴随着非财务转移。

5.1.2 家庭代际非财务转移

从表5-1的分析结果来看，相对来说，由子代向父代的资源代际转移主要体现在财务方面的转移，而父代向子代的资源代际转移主要表现为非财务的家庭照料。父代就业影响子代就业的代际非财务转移主要体现在两个方面：一是以家庭生产为媒介，表现在家庭照料的代际传递。二是以父代个人发展为媒介，表现在父代社会关系和主观态度对子代就业的影响。

1. 以家庭生产为媒介的影响路径

家庭生产的概念来源于加利·贝克尔（Gary Becker）提出的"家庭生产理论"，这一理论中将家务劳动看成是一种生产性劳动，劳动者在整个家庭中而不仅是作为单一个体做出他们的劳动力供给决策。在这样的安排下，家庭中的全体成员主要参考比较优势的原理，选择个人相对生产率较高的劳动分配方式，联合做出如何在市场工作、家庭物品的生产以及闲暇之间进行分配的决定。

从家庭劳动参与比较优势的角度来看，在我国受教育事业总体发展趋势的影响，子代接受了比父代更优良的教育，且年龄优势也使其在劳动力市场中具有更强的竞争力。而相比较而言，大多数健康状况良好的年长期父母能较好地胜任家务和生活照料劳动。在这样的人力资本比较优势状态中，家庭生产的理性决策是子女在劳动力市场中就业，而父母提供家庭生产服务。事实也符合理论决策结果：根据2016年国家卫生计生委调研[①]的数据结果，在有代表性的十个城市中，隔代照料是3岁以下婴幼儿照料的主要模式，祖辈带养率高达80%。与此同时，由于女性是家庭生产责任的主要承担者，家庭照料任务也成为影响年轻女性生育和就业意愿的主要因素：60.7%的母亲由于担心婴幼儿无人照料而放弃生育二孩，约33%的女性由于照料子女而被迫成为全职母亲，同时75%的全职母亲表示，如果子女能得到良好的照料将会重新就业。

根据OECD的统计数据，母亲的就业与未成年子女（0~14岁）的数量高度相关，见图5-1。可以看出，在大多数国家，女性就业率随着未成年子女数量的增加而下降，拥有3个以上未成年子女的女性就业率的降幅度更大。就OECD国家平均而言，有两个未成年子女的女性比只有一个孩子的女性就业率低2.4个百分点，拥有3个以上0~14岁子女的女性的平均比有两个孩子的女性就业率低约15个百分点。在一些国家（例如丹麦，斯洛文尼亚），由于未成年子女数量差异导致的母亲就业率差距很小。而在占更多数的其他国家，如捷克共和国、法国、德国、拉脱维亚、斯洛伐克共和国和英国，这一差距很大，有3个以上未成年子女的女性比仅有1个未成年子女的女性就业率低25个百分点，特别是在匈牙利，这一差距超过了35个百分点。

同样来自OECD的数据表明，在许多OECD国家，母亲的就业随着最小子女年龄增长而增加，如图5-2。一般而言，最小子女的年龄为0~2岁的女性就业率要低于最子女年龄介于3~5岁之间的女性，又低于最小子女年龄为6~14岁的女性。差距的大小因国家而异：一些OECD国家（如希腊、爱尔兰、以色列、意大利、卢森堡、荷兰、葡萄牙和西班牙），这一差异相对较小；另外一些国家，例如在芬兰，最小

---

① 2016年3月至6月，国家卫生计生委办公厅在北京、沈阳、上海、南京、郑州、武汉、广州、深圳、重庆、西安10个城市开展了"城市家庭3岁以下婴幼儿托育服务需求调查"，调查对象为2016年4月在调查城市城区范围内有3岁以下子女的女性，样本量为9200人。

子女年龄为 0~2 岁的女性比最小子女年龄为 6~14 岁的女性就业率低 38 个百分点。在捷克共和国，匈牙利和斯洛伐克共和国，这一差距超过 60 个百分点。

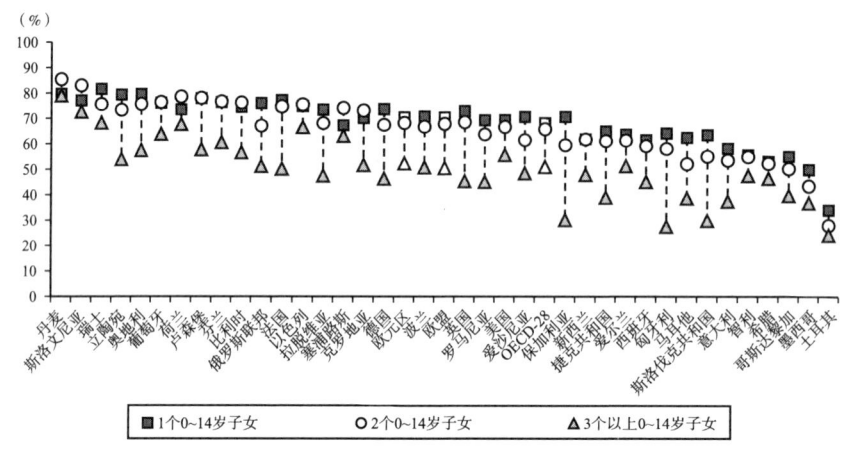

图 5-1　OECD 国家中 0~14 岁子女个数与女性就业率

注：资料来自 OECD 的 2014 年数据，其中智利、德国和土耳其为 2013 年数据，丹麦和芬兰为 2012 年数据，欧盟和欧元区的数据均指其中各国的均值，OECD-28 是指 OECD 中的 28 个国家平均值。

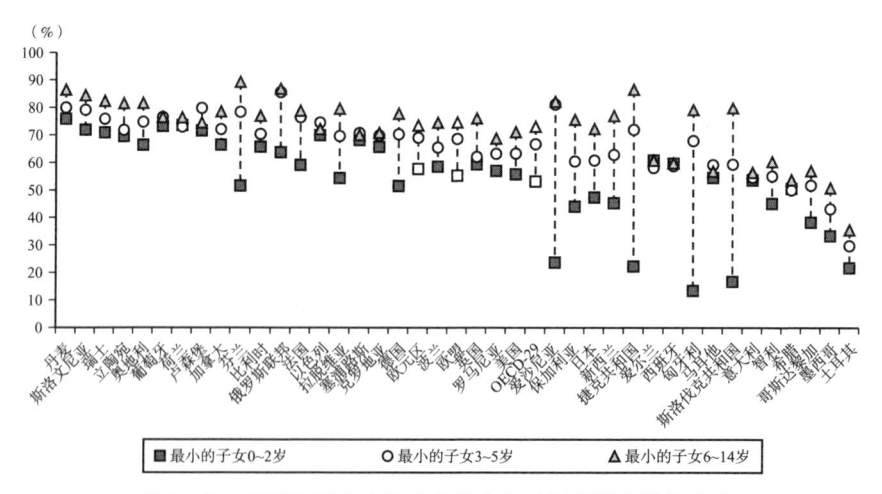

图 5-2　OECD 国家中按最小子女年龄划分的女性就业率

注：资料来自 OECD 的 2014 年数据，其中智利、德国和土耳其为 2013 年数据，丹麦和芬兰为 2012 年数据，欧盟和欧元区的数据均指其中各国的均值，OECD-28 是指 OECD 中的 28 个国家平均值。

上述分析表明，家庭照料责任是显著影响年轻劳动力就业的因素，对于年轻母亲来说更是如此。而家庭代际非财务的"向下转移"，即由父母主要承担家庭生产任务特别是隔代照料任务，可以对年轻子女的抚幼劳动进行较好的替代，子代的劳动参与率将提高。另一种情况是，对于有家庭照料责任的年轻子女，父母就业取得收入并用来购买商品和家庭服务，当购买的商品和服务与家庭生产替代性较强时，父母就能有更多的时间用来提供隔代照料，从而促进子女就业。

与非财务的"向下转移"类似，如果父母不仅不能工作取得收入，反而需要子女为自己提供生活上的照料，此时代际非财务的"向上转移"将影响子女的劳动参与决策。对于一些半自理的父母，子女很可能被要求"随叫随到"而不是整日照料，这种情况下的代际非财务转移影响得更多的不是子女的就业决策，而是劳动时间或工资水平。需要注意的是，由于家务劳动和家庭照料的主要承担者多为女性，因此这一代际传递机制直观来看对女性就业的影响大于男性。

2. 以父代个人发展为媒介的影响路径

从就业的目的和意义来看，一份工作不仅是获得收入的重要途径，而且是一个个体社会化的重要途径。国际劳工组织（International Labour Organization，ILO）在《全球就业议程》中提出"工作是每个人生活的核心"。社会中的适龄成员通过就业参与社会生活的各个板块中来，从而避免进入到封闭、狭隘、无价值的生活环境中去。而从马斯洛的需求层次理论出发，就业不仅从经济收入的层面满足个体低层次的生存需求和安全需求，还使得社会成员通过工作获得稳定的社会地位，通过工作技能的提升获得社会的认可，并有机会进一步实现个人理想抱负，从而满足个体较高层次的尊重需求和自我实现需求。社会成员通过就业巩固和完善其职业能力，并在社会关系、职业知识和职业价值观等方面获得更全面的发展。

因此，除了取得经济收入之外，仍停留在劳动力市场中的父母在社会地位和社会关系等方面均优于失业或退休的父母。而父母的社会关系越多，动员这些资源为子女就业"牵线搭桥"的能力就越强，严峻的就业形势下父母"包办就业"的现象甚至被称为"父亲就业时代"。

此外，积极而恰当的职业知识和职业价值观是个体做出适宜就业择业选择的重要前提，而子女的职业知识和价值观受到父母潜移默化的影响。艾萨卡森和布朗（Issacason & Brown，2000）的研究表明父母对不同职业行业的看法影响子女的就业择业态度。赫兰德（Holland，1997）的研究发现一个人的职业兴趣与父母为其设定的目标和所提供的机会有显著关系。父母在工作中不断接触新技术、了解行业职业相关的新形势，更新自己对就业的认知和职业价值观。例如，如果父母的价值观比较积极，子女就更有可能从事挑战性强的工作。如果父母对子女多元化就业持支持态度，而不是仅仅囿于稳定与传统的职业，子女工作搜寻的范围就会更广，从事新行业的可能性也会增大。

综上所述，父母就业影响子女就业所依赖的主要有三个路径：第一条路径为经济层面上的经济支持和养老压力，我们称之为"家庭代际财务转移"，既包括向下的代际财务转移，也就是父母对子女的经济支持减轻子女的生活压力，子女就业意愿降低。也包括向上的代际财务转移，指的是子女为父母支付赡养费，养老负担沉重，就业并取得收入的动机强烈。第二条路径为家庭生产层面上的家庭照料，代际的家庭照料包含两个方向的含义：一是父母为子女提供隔代照料或增加照料孙辈的时间，子女抚幼的压力减轻，工作意愿提高，劳动时间增加。二是子女照料父母生活，养老压力将挤出子女的就业。第三条路径为非可见的父母个人发展，父母停留在劳动力市场中，有利于其社会地位的维持甚至提升、社会关系的扩展和更积极客观的价值观念的形成，不论是通过社会关系网"包办就业"还是潜移默化的价值观输出，都可能对子女的就业产生影响。第二条路径和第三条路径都被称之为"家庭代际非财务转移"。

5.2　家庭代际转移对子代就业影响的实证分析

5.1节主要讨论了父代就业对子代就业影响的可能的三条路径，并分别归类为"家庭代际财务转移"机制和"家庭代际非财务转移"机制。分析结果仅说明了可能存在的影响路径，但并不能就此判断影响效应的方向和显著性。因此，本小节通过构建实证分析模型量化探究上小节所涉及的三条路径对子代就业的影响效应。

5.2.1 实证分析框架

事实上，父代就业对子女就业的影响从子女幼年时期就已经开始，例如，父母工作收入越高，对子女的人力资本投资也就越高，通过人力资本积累影响子女成年期的就业。但本章讨论的重点是年长期父母就业对成年子女就业的影响，也即通过经济收入、家庭生产和个人发展三种路径影响子女就业的具体效应。分别构建三个子代就业实证模型如下：

$$Employ_i = \alpha_0 + \alpha_1 emp\_fm_i + \alpha_2 wet\_trafm_i + \alpha_3 tra\_fm_i \\ + \alpha_4 wage\_fm_i + \alpha_5 wet\_tra_i + \alpha_6 X_i + \varepsilon_i \quad (5-1)$$

式（5-1）是家庭代际财务转移路径下父母就业对子女就业的影响回归方程，也即经济收入路径。其中，$Employ_i$ 是子代的就业状态，emp_fm_i 为核心自变量父母是否就业，wet_trafm_i 为子女是否向父母提供经济支持，tra_fm_i 为子女对父母的经济支持数额，$wage\_fm_i$ 为父母的工资收入，wet_tra_i 为父母是否为子女提供经济支持。X_i 代表子代个人特征向量，作为控制变量加入模型，包括年龄、性别、教育水平、0~16岁子女数量、0~6岁子女数量。

$$Employ_i = \beta_0 + \beta_1 emp\_fm_i + \beta_2 car\_fm_i + \beta_3 wet\_carefm_i + \beta_4 X_i + \sigma_i \\ (5-2)$$

式（5-2）是家庭代际非财务转移路径下，父母就业通过家庭生产路径对子代就业的影响回归模型。其中，car_fm_i 为父母为子代提供隔代照料的频率，wet_carefm_i 为子代是否为父母提供生活照料的二值变量，控制变量的加入同式（5-1）。

$$Employ_i = \gamma_0 + \gamma_1 emp\_fm_i + \gamma_2 inc\_fm_i + \gamma_3 sta\_fm_i + \gamma_4 satisfi\_fm_i \\ + \gamma_5 confidence\_fm_i + \gamma_6 edu\_fm_i + \gamma_7 X_i + \mu_i \quad (5-3)$$

式（5-3）是家庭代际非财务转移路径下，父母就业通过个人发展路径对子代就业的影响回归模型。其中，inc_fm_i、sta_fm_i、$satisfi\_fm_i$、$confidence\_fm_i$ 分别为父母自评收入水平、父母自评社会地位、父母自评生活满意、父母自评未来信心，均为有序多分类变量。edu_fm_i 为父母的受教育水平，父母的受教育水平影响父母的经济社会地位和个人价值观，其与父母就业状况的关联性也不可忽视，但由于父母的受教育水平与子女的受教育水平高度相关，因此控制变量中未加入子女的受教育水平以避免可能的多重共线性。

5.2.2 数据、变量和描述性统计

使用 CFPS 2016 的成人问卷、家庭成员问卷和家庭经济问卷数据，将本节的核心被解释变量设为"子女当前工作状态"，有工作赋值为 1，无工作或退出劳动力市场赋值为 0，主要核心解释变量"父母是否工作"的处理方式与之相同。为了探究父代就业对子代就业影响的三条路径（代际财务转移、家庭生产、父代个人发展），分别拟合三个回归模型，每个模型均加入与影响路径相关的核心解释变量。其中，变量"父母隔代照料的频率"是父母对所有孙辈综合照料的频率，这是出于一般地认为父母对各个子女提供的隔代照料频率相关性很强的缘故。由于有的样本仅有父亲或母亲健在，为了提高数据的可比性，父母的平均工资的取值为父亲或母亲的工资年收入（只有一方健在），或父母工资的平均数（双方均健在）。其他涉及父母平均的变量都做类似处理。CFPS 2016 成人问卷中的"主观态度"模块包含四个问题："您的收入在本地属于（哪个等级）？""您在本地的社会地位属于（哪个等级）？""您对自己生活的满意程度？""您对自己未来的信心程度？"这四个问题都是 1～5 级等级自评打分制，自评的问题可以很好地反映受访者的主观态度，问题中涉及经济社会分层的内容，为衡量父母的社会地位和价值观提供了很好的解决途径。变量的描述性统计和取值含义详见表 5–2。

表 5–2   变量及描述性统计

变量名	变量含义	观测数	均值	标准差
employ	当前工作状态（工作 = 1；不工作 = 0）	9946	0.85	0.35
emp_fm	父母是否工作（是 = 1；否 = 0）	9503	0.81	0.40
car_fm	父母隔代照料的频率	9503	1.30	2.88
wet_tra	父母是否对子女经济转移（是 = 1；否 = 0）	9503	0.07	0.26

续表

变量名	变量含义	观测数	均值	标准差
tra_fm	父母对子女的经济转移数额	9503	161.04	3421.36
wag_fm	父母的平均工资	2867	13724.48	28364.28
inc_fm	父母自评收入水平的平均（1~5分别表示"很低"到"很高"）	9233	2.38	0.91
sta_fm	父母自评社会地位的平均（1~5分别表示"很低"到"很高"）	9485	2.90	0.96
satis_fm	父母主观生活满意度的平均（1~5分别表示"很不满意"到"非常满意"）	9502	3.65	0.95
con_fm	父母主观未来信心度的平均（1~5分别表示"很没信心"到"很有信心"）	9488	3.82	0.95
edu_fm	父母教育水平（1~9为托儿所到博士）	8326	2.50	1.18
wet_trafm	是否为父母提供经济帮助（是=1；否=0）	10332	0.41	0.49
wet_carefm	是否为父母提供照料（是=1；否=0）	10331	0.45	0.50
child_num16	16岁以下子女数	11646	0.57	0.82
child_num6	6岁以下子女数	11646	0.31	0.59
age	年龄	11646	32.18	11.91
gender	性别（男=1；女=0）	11646	0.69	0.46
edu	教育水平（1~9分别表示托儿所到博士）	10973	3.55	1.58

资料来源：CFPS 2016。

5.2.3 家庭代际转移对年轻劳动力就业影响的实证分析

由于被解释变量子代就业状况为二元离散变量，因而本小节主要采用 Probit 模型来拟合回归，以减少模型估计的偏误和不一致。

1. 家庭代际财务转移

表5-3报告了代际财务转移对年轻子女就业影响的回归结果。从模型（1）和模型（2）的回归结果可以看出，加入控制变量后，父母是否对子女经济转移和子女的就业决策具有显著的负相关，说明父母给予子女的经济支持对子女的就业决策弊大于利，这是由于父母对成年子

女财务上的帮助虽然减轻了子女的生活压力,但也使其通过就业获得经济收入的动机减弱,阻碍了子女进入劳动力市场竞争的积极性。模型(3)和模型(4)以"父母平均工资"和"父母对子女经济转移数额"作为核心自变量,这两个变量衡量了父母对子女经济转移的潜在能力和实际发生数额,回归结果发现这两个变量系数的符号不定,绝对值极小且对因变量的影响不显著,说明父母对子女经济转移的数量和潜在数量并不影响子女的就业决策。为了甄别模型(3)和模型(4)中两个核心自变量是否存在多重共线性问题,我们分别将"父母平均工资"和"父母对子女经济转移数额"单独引入模型,测算其对因变量的影响系数,"父母平均工资"的系数估计值和边际效应分别为 $-1.01\mathrm{e}-06$ 和 $-2.45\mathrm{e}-07$,"父母对子女经济转移数额"的系数估计值和边际效应分别为 $-7.16\mathrm{e}-08$ 和 $-1.65\mathrm{e}-08$,且均不显著,基本可以忽略由于多重共线性问题导致的系数不显著。结合模型(1)和模型(2)的结果,说明父母对子女的经济转移对子女就业决策起到的更多的是"信号"作用,父母的财务支持为子女提供了经济自信,使子女即便不工作时的收入也能满足生活需求,而这种经济自信与父母财务支持的数额关系不大。

表5-3　家庭代际财务转移对年轻劳动力就业影响的回归结果

自变量	因变量:子女是否就业						
	(1)	(2)	(3)	(4)	(5)	(6)	(7)
父母是否对子女经济转移	-0.045 (-0.73)	-0.187*** (-2.67)					-0.155** (-2.12)
父母对子女经济转移数额			0.000 (0.53)	-0.000 (-0.40)			
父母平均工资			-0.000 (-1.04)	0.000 (0.13)			
是否对父母提供经济帮助					0.336*** (14.52)	0.337*** (13.75)	0.492*** (12.03)
父母是否就业		0.164*** (3.01)		0.291 (1.49)			0.157*** (2.73)
子女年龄		0.010*** (3.93)		0.027*** (4.54)		-0.009*** (-8.50)	0.009*** (3.21)
子女教育水平		0.110*** (7.84)		0.088*** (3.35)		0.007 (0.81)	0.105*** (7.28)

续表

自变量	因变量：子女是否就业						
	(1)	(2)	(3)	(4)	(5)	(6)	(7)
子女性别		0.709*** (17.81)		0.655*** (9.00)		0.592*** (24.04)	0.723*** (17.51)
子女的16岁以下子女数		0.201*** (5.17)		0.088 (1.07)		0.243*** (11.95)	0.176*** (4.34)
子女的6岁以下子女数		-0.191*** (-3.93)		-0.064 (-0.67)		-0.359*** (-12.00)	-0.179*** (-3.54)
常数项	1.049*** (57.94)	-0.212* (-1.76)	1.008*** (29.18)	-0.717*** (-2.61)	0.831*** (55.77)	0.867*** (14.26)	-0.339*** (-2.70)
观测值	7880	7371	2216	2038	17465	16922	7073

注：括号内为 t 统计值，***、*分别代表在1%、10%水平上显著。

模型（5）和模型（6）考察了代际财务向上转移对子代就业的影响，进一步的边际效应分析结果表明，对父母提供经济帮助的子女就业的可能性高于不对父母经济转移的子女8个百分点，加入控制变量后系数仍然非常显著，此时的边际效应为0.1左右。原因在于：一方面，对父母的经济帮助增加了子女的日常开支，养老压力增大，为了维持正常的消费和投资，子女需要就业来获得足够的经济来源；另一方面，每年能保持固定的养老支出的子女孝道水平一般比较高，他们选择就业有部分原因是为家庭带来更多收入，为父母的养老提供更稳定的保障。

模型（7）是剔除了不显著变量后的回归结果，结果显示，家庭代际财务向下转移对子代的就业决策产生显著的负效应，而财务的向上转移则有利于子女积极参与劳动力市场。模型（2）、模型（4）和模型（7）的回归结果均表明，控制了子女个人特征变量和家庭代际财务转移变量之后，父母就业和子女就业是正向关联的，模型（2）和模型（7）的估计系数都非常显著，且在0.16附近保持稳健。

2. 家庭代际非财务转移

根据5.1节的分析，父母就业通过家庭代际非财务转移路径对子女就业产生影响的机制主要有两种：一是家庭生产，即家务劳动和家庭照料。二是父母通过就业得到的个人发展，如社会地位、社会关系和价值观念等也会对子女的就业产生影响。

（1）家庭生产。表 5-4 的第 2 列、第 3 列是分别将代际非财务向下转移和向上转移的变量对子女就业状态的回归结果，第 3 列和第 5 列是在第 2 列和第 3 列回归的基础上加入父母是否就业和个人特征控制变量的回归结果，第 6 列是将代际非财务向下转移和向上转移的变量和控制变量统一整合在一个模型中的回归结果。这样做的好处是可以检验所关注变量的稳健性，如果不同模型中的回归系数符号一致且绝对值变化不大，则回归结果具有稳健性。从表 5-4 可以看出，父母隔代照料频率的系数是正的，且在多数模型①中均是显著的。这说明父母为子女提供隔代照料的频率越高，子女就业的概率就越大。原因是显而易见的，父母照料孙辈可以使子女从繁重的育儿活动中解脱出来，提高成年子女（特别是女性）的劳动参与率。"6 岁以下子女数"在各模型中均显著为负，由于婴幼儿需要父母更长时间的照料，因此婴幼儿子女数量越多的年轻劳动力就业的概率就越低，这也为上述结论提供了佐证。

表 5-4　家庭生产的代际转移对年轻劳动力就业影响的回归结果

自变量	因变量：子女是否就业			
	（1）	（2）	（3）	（4）	（5）
父母隔代照料频率	0.044*** (6.87)	0.016** (2.17)			0.012 (1.59)
是否为父母提供照料			-0.003 (-0.11)	-0.015 (-0.63)	0.010 (0.25)
父母是否就业		0.176*** (3.23)			0.172*** (3.04)
子女年龄		0.008*** (3.02)		-0.008*** (-7.26)	0.009*** (3.09)
子女教育水平		0.701*** (17.59)		0.601*** (24.57)	0.708*** (17.34)
子女性别		0.109*** (7.83)		0.013 (1.47)	0.105*** (7.37)

① 模型（5）中，父母隔代照料频率的估计系数虽然在 10% 的显著性水平上并不显著，这可能是由于多重共线性导致的。但 t 值接近 2，说明系数估计具有一定的显著性。

续表

自变量	因变量：子女是否就业					
	（1）	（2）	（3）	（4）	（5）
子女的16岁以下子女数		0.180*** (4.55)		0.243*** (12.05)	0.183*** (4.47)
子女的6岁以下子女数		-0.175*** (-3.57)		-0.359*** (-12.09)	-0.182*** (-3.62)
常数项	0.986*** (51.64)	-0.174 (-1.44)	0.979*** (67.38)	0.941*** (15.59)	-0.173 (-1.39)
观测值	7880	7371	17466	16923	7073

注：括号内为t统计值，***、**分别代表在1%、5%水平上显著。

与之形成对比的是，子女是否为父母提供照料似乎与子女是否就业并无明显的相关关系，在模型（3）、模型（4）、模型（5）中的估计系数符号不一致且均不显著，这说明为父母提供生活照料并不是子女进行就业决策时主要考虑的因素。可能的原因有二：一是子女向父母的资源代际转移主要体现在经济收入的转移方面（表5-1），"百善孝为先"从照料孝亲逐步转变为财务支持。随着养老服务日趋市场化，即便是父母生活不能自理需要照料时，子女也可以更多考虑购买专业的养老服务（如雇佣养老护理员、联系养老机构等），同时选择与自己专业技能较为吻合的职业就业，通过代际的财务转移完成家庭的养老功能。二是可以半自理的父母，虽然需要一定的生活照料，但多数情况下是需要子女"随叫随到"，这种情况下，代际非财务向上转移对子女就业的影响可能更多地体现在工作时间和工资水平上。此外，模型（2）和模型（5）中父母就业的情况下，子女就业的可能性将提高，这一效应在1%的显著性水平上是显著的，这说明，考虑了家庭照料因素并控制了子女个人特征变量之后，父代就业和子代就业依然是正向关联的。

（2）个人发展。本节中的父母个人发展主要是指父母在业而伴随的父母社会地位、社会关系和职业价值观等非可见因素的变动对子女就业的影响。一般来说，除了取得经济收入之外，在职父母的社会地位、社会关系等较失业或退休的父母更优，其职业知识更新较快，职业价值观也会受到相对更为积极的影响。父母个人发展对子代就业影响的回归结果见表5-5。模型（1）和模型（2）是将4个5级自评等级变量一同加入模型的回归结果，模型（2）控制了子女的个人特征向量。可以看出除自评个人收入外，自评社会地位、主观生活满意、主观未来信心的系数估计值显著性和稳健性都不佳，这可能是由于多重共线性导致的，因为生活满意度和价值观很可能受到经济社会地位的影响。

表5-5 父母个人发展对年轻劳动力就业影响的回归结果

自变量	因变量：子女是否就业				
	（1）	（2）	（3）	（4）	（5）
父母自评个人收入	0.037* (1.72)	0.065*** (2.71)	0.061*** (2.91)	0.051** (2.45)	0.052** (2.35)
父母自评社会地位	0.004 (0.20)	-0.027 (-1.15)			
父母主观生活满意	0.065*** (2.77)	0.031 (1.19)			
父母主观未来信心	-0.039* (-1.71)	-0.007 (-0.28)			
父母教育水平					0.035** (2.00)
父母是否就业				0.196*** (3.44)	0.228*** (3.91)
子女年龄		0.005** (2.11)	0.005** (2.32)	0.010*** (3.73)	0.011*** (3.77)
子女教育水平		0.110*** (7.70)	0.111*** (7.84)	0.114*** (8.02)	
子女性别		0.716*** (17.77)	0.712*** (17.71)	0.706*** (17.53)	0.705*** (17.48)
子女的16岁以下子女数		0.191*** (4.84)	0.192*** (4.85)	0.186*** (4.69)	0.153*** (3.71)
子女的6岁以下子女数		-0.172*** (-3.49)	-0.170*** (-3.45)	-0.173*** (-3.51)	-0.145*** (-2.86)
常数项	0.843*** (10.18)	-0.105 (-0.87)	-0.103 (-1.02)	-0.379*** (-2.93)	-0.150 (-1.12)
观测值	7603	7105	7118	7118	6661

注：括号内为t统计值，***、**、*分别代表在1%、5%和10%水平上显著。

表5-6给出了这4个变量的相关系数矩阵,其中自评个人收入和其他3个变量,特别是自评社会地位的相关性都比较强,而自评社会地位、主观生活满意和主观未来信心之间两两相关性也很强。由于自评个人收入能比较好地代表个体在当地的经济社会地位,又是个主观自评变量,可以在一定程度上反映个体的主观价值判断。为了更好地观测系数估计结果,表5-5中模型(3)、模型(4)和模型(5)仅保留父母自评个人收入来作为父母个人发展状况的代理变量,并将父母教育水平、父母是否就业等变量加入模型。

表5-6　　　　　　　　　个人发展变量相关系数矩阵

项目	自评个人收入	自评社会地位	主观生活满意	主观未来信心
自评个人收入	1			
自评社会地位	0.46	1		
主观生活满意	0.32	0.41	1	
主观未来信心	0.25	0.33	0.57	1

表5-5中模型(5)的回归结果显示,父母个人发展状况较好的情况下,子女的就业可能性将提高,系数估计结果是显著且较为稳健的。这一结果并不出人意料,特别是在"富二代""官二代""拼爹"等现象备受关注的社会背景下。然而,父母个人发展状况并不完全是通过阶层继承的形式来影响子女就业。一方面,父母良好的经济社会地位使其拥有更多的资源来帮助子女就业择业。另一方面,父母领先的职业知识和职业价值观也会促进子女多元化就业,使子女就业的概率上升。

表5-5中模型(4)和模型(5),父母就业与子女就业的正相关关系依然在1%显著性水平上显著,估计值稳定在0.2左右,这与表5-3和表5-4的估计结果是基本一致的,具有较好的稳健性。模型(5)控制了父母的受教育水平,这是考虑到父母的受教育水平与其经济社会地位、价值观呈正相关关系,并影响父母的就业状况,以及通过影响子代的受教育水平影响子代的就业状况。回归结果发现,父母的受教育水平与子女的就业状况正相关,可以佐证父母的个人发展对子女就业的促进作用。

此外，子女个人的教育水平越高，就业的概率越高。男性比女性就业的概率高。年龄对就业概率的影响在大多数模型中均显著为正。有价值的是，我们发现家庭中 6 岁以下子女的数量越多，其就业的概率越低，这是由于婴幼儿的子女需要父母付出更多时间和精力进行照料的缘故。但家庭中 16 岁以下子女数量越多，父母就业的概率就越高，这很可能是由于少年期的子女应对日常生活的技能逐渐增强，对生活照料需求逐渐降低，转而需要更多的人力资本投资，大多数父母会为了给予子女更好的教育投资和生活条件而努力工作，有利于年轻父母积极就业。

5.2.4 子样本回归和稳健性检验

稳健性检验可以测试不同性别、不同城乡属性是否改变模型的基本回归结果。

1. 家庭代际财务转移对年轻劳动力就业的影响

表 5-7 报告了将子女类型按性别、城乡划分的子样本回归结果，考察的是代际财务转移对不同类型年轻人就业的影响。第 3 列和第 4 列的结果显示，代际财务向上转移对男性和女性的就业决策都有显著的正效应，但对男性的估计系数的绝对值大于女性，说明对父母的经济赡养会更多地刺激男性就业。而来自父母的经济帮助对子代中女性就业的负效应更显著，且估计系数的绝对值也大于男性，意味着女性的就业决策对父母经济转移的依赖性更强。父母是否工作对男性就业具有显著的正效应，而对女性就业决策影响并不显著。显著影响女性就业决策的主要因素还有 6 岁以下子女的数量，而无论是 6 岁以下子女数还是 16 岁以下子女数，对男性就业的影响都是正的。考虑到婴幼儿的照料需求较强、少年儿童的教育投资需求较强的特点，这说明年轻女性就业较男性更多地受到家庭照料责任等非财务因素的影响，而男性就业受财务因素的驱动更多，与中国"男主外，女主内"的社会传统是相吻合的，同时为"为人父责任感"提供了数据佐证。

表 5-7　分性别、城乡的家庭代际财务转移对年轻劳动力就业影响的回归结果

自变量	因变量：子女是否就业				
	总体	男性	女性	城镇	农村
父母是否对子女经济转移	-0.155** (-2.12)	-0.101 (-1.13)	-0.309** (-2.26)	-0.177* (-1.84)	-0.135 (-1.15)
是否对父母提供经济帮助	0.492*** (12.03)	0.511*** (9.15)	0.467*** (7.55)	0.500*** (8.78)	0.479*** (7.84)
父母是否工作	0.157*** (2.73)	0.246*** (3.38)	-0.024 (-0.25)	0.095 (1.26)	0.252*** (2.63)
子女年龄	0.009*** (3.21)	0.012*** (3.54)	0.006 (1.20)	0.001 (0.32)	0.017*** (4.21)
子女教育水平	0.105*** (7.28)	0.086*** (4.23)	0.122*** (5.83)	0.135*** (6.69)	0.063*** (2.71)
子女性别	0.723*** (17.51)			0.771*** (13.52)	0.685*** (11.03)
子女的16岁以下子女数	0.176*** (4.34)	0.176*** (3.76)	0.095 (1.13)	0.114* (1.96)	0.244*** (4.15)
子女的6岁以下子女数	-0.179*** (-3.54)	0.116* (1.74)	-0.438*** (-4.72)	-0.184** (-2.56)	-0.187** (-2.56)
常数项	-0.339*** (-2.70)	0.173 (1.06)	-0.001 (-0.01)	-0.146 (-0.81)	-0.568*** (-3.09)
观测值	7073	4923	2150	3692	3232

注：括号内为 t 统计值，***、**、* 分别代表在1%、5%和10%水平上显著。

表 5-7 的第 5 列和第 6 列结果表明，子女对父母的财务转移无论是对城镇还是农村年轻人就业决策的影响都在 1% 的显著性水平上显著为正，这说明通过家庭中代际向上的财务转移，进行了养老压力和孝道的传递，对年轻人的就业有积极作用。同时，无论是对于农村家庭还是城镇家庭，6 岁以下幼儿子女数量越多，年轻人就业的概率就越低，16 岁以下子女数量则与年轻人就业的概率成正比，这和总体样本的回归结果是一致的，从侧面说明随着子女年龄的增加，父母就业的概率将增大。而家庭中就业代际影响的城乡差异体现在：一是父母对子女的经济帮助对城镇年轻人的就业决策影响更大，这可能与城镇生存压力大同时

劳动力市场竞争激烈的状况有关。二是在农村地区，父代就业对子代就业决策的影响更加显著，一般来说，现阶段我国农村地区年长的父母大多从事农业自雇，并不是传统意义上的有酬劳动即就业。因此在农村家庭中，父母就业很可能会给家庭带来区别于周围家户的显著差异，较城镇家庭对子女就业的影响更大。

2. 家庭生产代际转移对年轻劳动力就业的影响

剔除表5-4模型中不显著变量后，表5-8的第3列和第4列对按性别划分的子样本进行了回归，第5列和第6列对按城乡划分的子样本进行了回归，结果显示父母工作对子女就业决策均呈正影响效应，且在大多数回归结果中系数都是显著的。性别子样本回归的结果显示，父母提供隔代照料显著提高了女性的就业概率，而对男性就业决策几乎没有影响。这是由于男性和女性在有酬工作（paid work）、家务劳动（unpaid care work）、非生产性活动（non-work activities）中的时间分配差别很大①，家务劳动包括对家人的照料主要由女性承担。这从子女数量的回归系数中也可以看出：6岁以下子女数对女性的就业决策产生显著的负效应，而对男性就业没有显著影响。与之相反的是，16岁以下子女数对男性的劳动参与产生了显著的积极效应，而对女性就业的影响并不显著，与表5-7的分析结论是一致的。

表5-8　分性别、城乡的家庭生产代际转移对年轻劳动力就业影响的回归结果

自变量	因变量：子女是否就业				
	总体	男性	女性	城镇	农村
父母隔代照料频率	0.016** (2.17)	0.000 (0.02)	0.040** (2.56)	0.012 (1.15)	0.018 (1.56)
父母是否工作	0.176*** (3.23)	0.250*** (3.63)	0.030 (0.33)	0.125* (1.74)	0.238*** (2.61)

---

① 根据国家统计局《2008年时间利用调查资料汇编》计算，在每周的劳动时间中，男性分配在有酬工作和家务劳动中的时间分别为79.85%、20.15%；女性分配在有酬工作和家务劳动中的时间分别为52.93%、47.07%。

续表

自变量	因变量：子女是否就业				
	总体	男性	女性	城镇	农村
子女年龄	0.008*** (3.02)	0.012*** (3.78)	0.004 (0.82)	-0.000 (-0.10)	0.017*** (4.37)
子女教育水平	0.109*** (7.83)	0.087*** (4.40)	0.128*** (6.28)	0.138*** (7.03)	0.075*** (3.32)
子女性别	0.701*** (17.59)			0.741*** (13.49)	0.663*** (11.05)
子女的16岁以下子女数	0.180*** (4.55)	0.221*** (4.76)	0.011 (0.14)	0.130** (2.29)	0.242*** (4.19)
子女的6岁以下子女数	-0.175*** (-3.57)	0.088 (1.34)	-0.354*** (-3.99)	-0.192*** (-2.76)	-0.174** (-2.44)
常数项	-0.174 (-1.44)	0.326** (2.09)	0.143 (0.73)	0.048 (0.28)	-0.433** (-2.43)
观测值	7371	5129	2242	3840	3380

注：括号内为 t 统计值，***、**、* 分别代表在 1%、5% 和 10% 水平上显著。

城镇和农村子样本的回归结果中，父母隔代照料对子代就业决策有正向影响，这一影响并不显著，但估计系数的 t 值均大于 1，农村子样本的估计系数 t 值甚至大于 1.5，说明具有一定的显著性。从城乡差异来看则主要有两点结论值得关注：一是无论是对农村还是城镇，6 岁以下子女数均显著地抑制了年轻人的就业，从绝对值来看城镇高于农村，说明城镇中的年轻人更有可能为了抚养婴幼儿而成为全职妈妈或全职爸爸。二是 16 岁以上子女数量均显著地促进了年轻人的就业，这种促进效应在农村家庭要高于城镇家庭，意味着父母为了保证子女良好的生活和受教育条件而工作的现象在农村更加普遍，这可以从"留守儿童"找到事实佐证。

3. 父母个人发展对子女就业的影响

以自评个人收入作为父母个人发展的代理变量，分性别和城乡的子样本回归结果如表 5-9 示。父母的个人发展对男性就业的影响比女性更为显著，这是由于性别在求职时一般作为门槛条件，而我国劳动力市场中一直存在的性别歧视，这就使父母个人发展等先赋性因素在女性就业时的作用非常有限。从城乡差异来看，与城镇年轻人相比，农村年轻人就业受父母个人发展的影响不显著，原因可能是与城镇家庭相比，农村父母的经济社会地位和价值观念等先赋性条件仍处于较低水平，子代需要更多地依靠个人能力争取就业机会。与之前的回归结果相似的是，父母的就业状态对子代就业的影响在大多数回归中保持了显著的正效应。

表5-9　　　　分性别、城乡的父母个人发展对年轻劳动力就业影响的回归结果

自变量	因变量：子女是否就业				
	总体	男性	女性	城镇	农村
父母自评个人收入	0.051** (2.45)	0.052* (1.94)	0.044 (1.28)	0.093*** (3.09)	0.008 (0.28)
父母是否工作	0.196*** (3.44)	0.287*** (3.97)	0.001 (0.01)	0.125* (1.69)	0.282*** (2.92)
子女年龄	0.010*** (3.73)	0.013*** (4.13)	0.006 (1.21)	0.000 (0.13)	0.020*** (5.08)
子女教育水平	0.114*** (8.02)	0.087*** (4.37)	0.138*** (6.65)	0.141*** (7.07)	0.081*** (3.51)
子女性别	0.706*** (17.53)			0.741*** (13.37)	0.671*** (11.04)
子女的16岁以下子女数	0.186*** (4.69)	0.202*** (4.38)	0.044 (0.55)	0.139** (2.46)	0.239*** (4.12)
子女的6岁以下子女数	-0.173*** (-3.51)	0.113* (1.71)	-0.379*** (-4.23)	-0.193*** (-2.75)	-0.169** (-2.35)
常数项	-0.379*** (-2.93)	0.127 (0.76)	-0.007 (-0.03)	-0.203 (-1.11)	-0.582*** (-3.04)
观测值	7118	4916	2202	3731	3238

注：括号内为t统计值，***、**、*分别代表在1%、5%和10%水平上显著。

综合表5-7、表5-8和表5-9的回归结果可以看出，男性的就业决策受自身年龄、教育水平、16岁以下子女数、父母工作状态、代际

财务向上转移、父母个人发展影响较大。而女性的劳动参与决策则更多地受到自身教育水平、6岁以下子女数、父母隔代照料、财务的代际向上和向下转移的影响。未成年子女影响父母就业决策时，对父亲就业的影响更倾向于通过"投资需求"，而对母亲就业的影响更倾向于通过"照料需求"，对年轻父母的就业影响体现出性别差异。和城镇年轻人相比，农村年轻人就业受到父母先赋性因素影响较小，如来自父母的经济转移、父母的个人发展，同时受子女人力资本投资等财务因素的影响更大。

综合5.2.3小节的基础回归和5.2.4小节的子样本回归结果来看，父母就业对子女就业的影响为正，且这一结果在大多数的模型中均显著。因此，没有数据证明父母就业将挤出子女就业，二者呈现出的经验联系更多是促进效应。这一促进效应作用机制有二：一是在商品和服务日益市场化的背景下，外购的商品和服务与家庭生产的替代性较强，年长的父母工作收入较高，购买商品或专业化的服务一方面可以直接用于隔代照料，另一方面父母可以有更多的时间用来提供隔代照料，从而促进子女就业。二是继续在工作岗位上发挥个人价值有利于父母的个人发展，这一方面反映在父母可以利用自身的经济社会资源来为子女求职服务，另一方面反映在父母的职业价值观更加客观积极，有利于子女积极求职和多元化就业。

此外，我们还发现经济压力促进年轻人就业的效应十分显著。这体现在三个方面：一是父母向子女提供经济支持时会对子女就业产生负向的"信号"作用，也就是说有父母提供经济来源的年轻人会形成财务"错觉"，经济压力降低，就业的动机减弱。二是向父母提供物质赡养的年轻人就业的概率更高，很重要的原因就是基于养老压力的传递，其就业以获得收入的意愿受到了较强的激励。三是随着社会竞争的加剧和人力资本投资意识的增强，家庭对子女的教育支出成为家庭支出的重要部分，因此未成年子女数量越多，年轻父母特别是父亲就业的概率越高。

5.3 家庭代际转移与子代工资水平相关性的实证分析

5.3.1 经验事实与基本模型

5.2 节的分析结论已经表明家庭中父母就业不会挤出子女就业，但从理论直觉来看，父代是否就业不仅影响子代的劳动参与决策，还可能影响子代的就业质量。例如，根据《中国大学生就业报告》蓝皮书系列数据[1]，无论从工作搜寻角度还是从薪资水平角度，无业与退休家庭的子女都是劳动力市场中的弱势群体。该系列数据由麦可思研究院发布，麦可思研究院是中国的第三方权威性数据机构，自 2007 年以来每年发布的《中国大学生就业报告》收录了大学毕业生主要的就业跟踪数据，对毕业半年后大学生的就业状态和工作能力进行全国性公开发布，自 2010 年以来持续报告了毕业三年后的职业发展跟踪数据。

对于大学毕业生群体来说，父母无业或退休（包括城乡无业失业人员、已退休人员）的情况下需要子女付出更高的求职强度，见表 5 - 10。从可得的数据来看，无业与退休家庭的本科毕业生拿到一份工作邀请需要的求职份数在 2008 届和 2009 届毕业生中都是最多的，求职强度比同期父母是管理阶层（包括国家与社会的管理者、企业经理人员、私营企业主）的毕业生高 50% 左右，将样本换成高职高专毕业生后，结论一致。

---

[1] 2009 届毕业生求职与工作能力调查于 2010 年初完成，回收问卷 24.5 万份；2013 届大学生毕业半年后培养质量跟踪评价于 2014 年初完成，回收样本 26.7 万份；2016 届大学生毕业半年后培养质量跟踪评价于 2017 年 3 月完成，回收样本 28.9 万份。

表 5-10　　分父母就业状态的大学毕业生拿到一份工作邀请
　　　　　　所需要的求职份数　　　　　　　　　　　　　单位：份

项目	管理阶层	专业人员	产业与服务业员工	农民与农民工	无业与退休
本科（2009）	9	12	12	12	14
本科（2008）	10	13	13	12	14
高职高专（2009）	5	6	6	7	9
高职高专（2008）	7	8	8	8	9

资料来源：麦可思—中国 2009 届毕业生求职与工作能力调查。

这说明，即便放宽了时间维度和样本维度，父母的工作状态对子女就业参与的影响都是不容忽视的，这也和我们在 5.2 节中得到的结论相吻合。但对于初次求职的大学毕业生而言，父母工作状态对其影响的路径主要体现在父母个人发展方面。比如麦可思—中国 2009 届毕业生求职与工作能力调查数据显示，父母为"无业与退休"和"农民与农民工"的子代，求职成功的信息渠道主要通过参加大学组织的招聘会，而管理阶层、产业与服务业员工（包括个体工商户、商业服务员工、产业工人）、专业人员（包括专业与技术人员、办事人员）的子女主要通过亲朋好友得到招聘信息。

从就业质量上来看，父母"无业或退休"的本科毕业生半年后的月工资在 2008~2016 年均处于较低水平，各种父母就业状态中，仅略好于农民与农民工家庭排名倒数第二，见图 5-3。对于 2008 届、2009 届、2013 届和 2016 届本科毕业生来说，父母"无业或退休"的子女平均比父母是"管理阶层"的子女月工资分别低 14.98%、15.21%、7.41% 和 11.67%。这说明，无业和退休的父母在经济社会能力方面处于劣势，而这种劣势不仅影响子代的求职过程，而且对子代就业后短期内的薪资水平也有负效应。

以上麦可思研究院的调查对象主要是大学毕业生，能够初步观察出父母就业状况对子女就业和工资水平的影响。然而由于仅使用大学生样本仍具有一定的局限性，且无法对其中的家庭代际转移机制进行较为细致的阐述，因此在本节我们使用 2016 年 CFPS 数据，以全国代表性的样

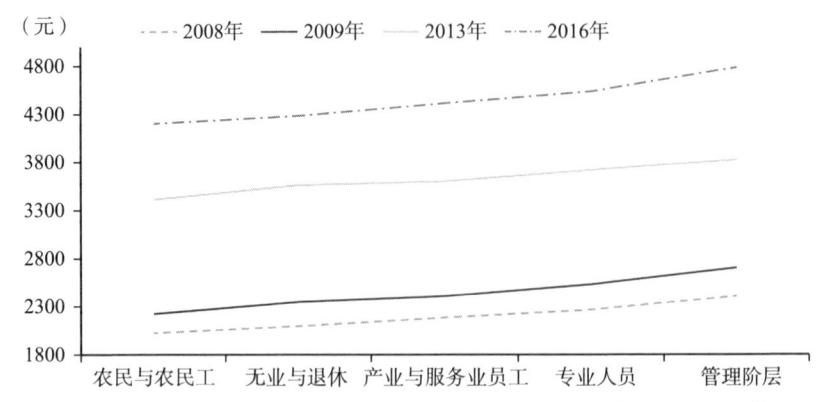

(元)
```
        ---- 2008年  ——— 2009年  ——— 2013年  -·-·- 2016年
4800
4300
3800
3300
2800
2300
1800
     农民与农民工  无业与退休  产业与服务业员工  专业人员  管理阶层
```

图 5-3　2008~2016 年按父母就业状态分的本科毕业半年后平均月薪

资料来源：麦可思—中国 2009 届毕业生求职与工作能力调查、中国 2013 届大学生毕业半年后培养质量跟踪评价、中国 2016 届大学毕业生培养质量跟踪评价。

本，从家庭代际向下转移和家庭代际向上转移两个层面，探究父母就业对子女薪资水平影响的方向和显著性，构建基本的实证模型如下：

$$\ln w_i = \theta_0 + \theta_1 edu_i + \theta_2 age_i + \theta_3 age_i^2 + \theta_4 emp\_fm_i + \theta_5 F_i + \theta_6 S_i + \eta_i \tag{5-4}$$

式（5-4）以明瑟（Mincer, 1970）教育收益率方程为基础，$\ln w_i$ 为个体 i 年工资总收入的对数，edu_i 为个体 i 的受教育水平，age_i 和 age_i^2 分别为个体 i 的年龄和年龄的平方项，emp_fm_i 为个体 i 的父母的就业状态，F_i 为家庭代际转移特征向量。在家庭代际向下转移模型中，包括父母隔代照料频率、父母是否为子女提供经济帮助和父母个人发展代理变量。在家庭代际向上转移模型中，包括是否照料父母和是否为父母提供经济支持。S_i 为个体 i 的个人特征向量，包括性别、城乡属性等。

由于无法观测到不工作的样本的工资数据，因此被解释变量工资收入的对数是归并数据，需要使用 Tobit 模型。而父母就业和家庭代际转移既影响子女的就业参与又可能影响子女的工资水平，以及为了检验 Tobit 模型回归结果的稳健性，还使用了 Heckman 两步法对模型进行了拟合。其中选取了"16 岁以下子女数"作为第一阶段的工具变量，因为 5.2 节的回归结果显示，16 岁以下子女数对父母的就业决策有显著的正向影响，而与父母的工资水平没有直接关系，可能的关系是 16 岁以下子女数与父母年龄有关从而影响父母收入，而模型中已经控制了个体的年龄变量，因而出现弱工具变量问题的概率较低。主要变量的描述性统计见表 5-2。

5.3.2 家庭代际向下转移与子代工资水平之间相关性的实证检验

家庭代际向下转移包括两个方面：一是财务的代际向下转移，如父母向子女提供经济帮助；二是非财务的代际向下转移，如隔代照料和父母个人发展。表 5-11 中第 2 列、第 3 列、第 6 列、第 7 列的回归结果显示，无论是在 OLS 模型还是在 Tobit 模型中，不论控制和不控制个人特征向量，家庭代际向下财务转移的估计系数都在 5% 的水平上显著为负。这意味着父母的经济支持对子女的工资水平有显著的负效应。原因是多方面的，一方面，"啃老"的子女在经济上对父母的依赖性过高，自身的劳动技能水平偏低，因而其工资水平较低。另一方面，父母的帮助减轻了子女的经济压力，使其产生自己的财务水平高于实际能力的"财务错觉"，较低的工资率就能满足其经济需求。

同时，父母提供隔代照料的频率越高，子女的工资水平越低。说明虽然隔代照料负担在代际非财务向下转移中减轻了，但并没有给子女带来工资率上的回报。这可能是由于子女本身的家庭生产压力越大，父母隔代照料的频率才越高，虽然父母帮助减轻抚幼负担有助于其参与就业，但较重的家庭照料责任使其更容易接受低工资率，比如全职妈妈。在多数模型中，父母的个人发展状况对子女的工资水平没有显著影响，这说明虽然父母的经济社会关系和价值观等个人发展因素影响子女的就业和求职，但对子女就业后的工资溢价影响不明显，父母个人发展对子女就业的影响更多地体现为"门槛效应"。Heckman 两步法的估计结果进一步证实了上述结论，且两个模型的 mills lambda 估计系数均在 1% 的水平上显著，这说明存在样本选择效应。

表 5-11 的第 2 列和第 3 列中父母就业的估计系数在 1% 的水平上显著为正，意味着父母就业的家庭比无业或退休的家庭中子女的工资水平更高。控制了子女个人特征向量之后，部分回归模型中估计系数为负，

表 5-11　家庭代际向下转移与子女工资水平相关性的回归结果

自变量	(1) Lnw (OLS)	(1) Lnw (Tobit)	(1) Select (Heckman)	(1) Lnw (Heckman)	(2) Lnw (OLS)	(2) Lnw (Tobit)	(2) Select (Heckman)	(2) Lnw (Heckman)
父母是否就业	0.331** (2.47)	1.195*** (2.69)	0.111*** (2.93)	-0.104 (-1.31)	0.03 (-0.2)	-0.218 (-0.41)	0.003 (0.07)	-0.077 (-1.25)
是否向下财务转移	-0.437** (-2.19)	-1.389** (-2.06)	-0.114** (-1.99)	-0.296*** (-2.79)	-0.596*** (-2.96)	-1.718** (-2.26)	-0.183*** (-2.93)	-0.247*** (-2.77)
父母隔代照料频率	-0.039** (-2.12)	-0.144** (-2.32)	-0.007 (-1.25)	0.014 (1.38)	-0.091*** (-4.59)	-0.294*** (-3.94)	-0.013** (-2.08)	0.003 (0.30)
父母个人发展	0.050 (0.93)	0.131 (0.76)	0.009 (0.60)	0.058** (2.36)	0.052 (-0.96)	0.142 (0.77)	0.008 (0.48)	0.050** (2.38)
年龄					0.374*** (-12.98)	1.788*** (11.77)	0.211*** (17.78)	0.121*** (5.41)
年龄的平方					-0.006*** (-14.25)	-0.029*** (-11.55)	-0.003*** (-18.35)	-0.002*** (-4.23)
教育水平					0.363*** (-10.59)	1.377*** (-12.12)	0.147*** (-13.88)	0.118*** (6.03)
性别					0.165 (-1.53)	0.377 (1.05)	0.041 (1.28)	0.296*** (6.99)
城乡					1.050*** (-10.29)	3.473*** (10.14)	0.283*** (9.13)	0.087* (1.69)

续表

自变量	(1) Lnw (OLS)	(1) Lnw (Tobit)	(1) Select (Heckman)	(1) Lnw (Heckman)	(2) Lnw (OLS)	(2) Lnw (Tobit)	(2) Select (Heckman)	(2) Lnw (Heckman)
未成年子女数			-0.072*** (-4.03)				-0.282*** (-12.69)	
常数项	2.863*** (16.72)	-6.087*** (-10.44)	-0.543*** (-11.13)	8.672*** (12.60)	-1.592*** (-3.03)	-27.44*** (-12.00)	-3.097*** (-16.27)	7.595*** (17.55)
mills lambda			1.246** (2.18)				-0.299** (-2.05)	
观测值	9233	9233	9233	8830	8572	8572	8572	8572

注：括号内为 t 统计值，***、**、* 分别代表在 1%、5% 和 10% 水平上显著。

但是在统计上不显著，所以总体上来看没有证据表明父母就业会对子女的工资水平产生负向影响。此外，个人特征控制变量的回归结果也基本符合预期。

5.3.3 家庭代际向上转移与子代工资水平之间相关性的实证检验

根据第3章的分析结论，年长劳动力的就业与否受其健康状况影响较大。一般来说，就业是个体参与社会活动的主要方式之一，影响个体的收入水平、心理状态、生活满意度等。在敬老孝亲传统文化的影响下，家庭承担了我国大部分的养老功能，且子女有法定义务为父母提供必要的物质条件、日常照料和精神慰藉。在这样的文化和制度背景下，父代的就业状态是否通过财务和非财务的家庭代际向上转移对子代的工资水平产生影响？

表5-12中第3列和第7列的Tobit模型估计结果显示，非财务向上转移即照料父母对子女的工资水平具有显著的负效应。其中的原因和需要父母提供隔代照料的家庭相似，家庭照料占用子女的时间和精力使其工作强度受到影响。同时，由于家庭照料给工作时间和地点带来的不便利性，也降低了个体的工资水平预期。此外，子代向上的财务转移对其工资水平产生了显著的正向影响。而且财务转移的估计系数绝对值大于非财务转移的估计系数绝对值，说明财务转移对工资水平的正效应大于非财务转移对工资水平的负效应。OLS和Heckman两步法的估计结果也提供了相同的结论，Heckman模型的mills lambda估计系数在1%的水平上显著。

表5-12未控制个人特征变量的OLS和Tobit模型中，父母就业状态的估计系数均在1%水平上显著为正，Heckman模型第二阶段的估计系数在10%的水平上为负，加入了控制变量后系数为负但在统计上并不显著。这一结论同表5-10相似，我们发现父代就业对子代工资水平的正效应更加明显，父母在职的年轻劳动力相比父母无业和父母退休的年轻劳动力工资水平较高。总体上看，无论是考虑家庭代际向上转移的效应还是家庭代际向下转移的效应，我们都没有发现父母就业会对子女工资水平产生负向冲击的证据。

表 5-12　家庭代际向上转移与子女工资水平相关性的回归结果

自变量	(1) Lnw (OLS)	(1) Lnw (Tobit)	(1) Select (Heckman)	(1) Lnw (Heckman)	(2) Lnw (OLS)	(2) Lnw (Tobit)	(2) Select (Heckman)	(2) Lnw (Heckman)
父母是否就业	0.551*** (4.35)	1.758*** (4.11)	0.151*** (4.05)	-0.120* (-1.91)	-0.042 (-0.28)	-0.388 (-0.76)	-0.016 (-0.36)	-0.026 (-0.45)
是否照料父母	-0.841*** (-8.46)	-2.644*** (-8.27)	-0.237*** (-8.19)	-0.324*** (-5.50)	-0.608*** (-6.09)	-1.937*** (-5.78)	-0.164*** (-5.32)	-0.141*** (-3.29)
是否向上财务转移	1.897*** (18.87)	5.665*** (18.55)	0.531*** (18.26)	0.662*** (6.52)	1.597*** (15.11)	4.711*** (13.80)	0.416*** (13.10)	0.295*** (5.27)
年龄					0.243*** (8.36)	1.333*** (8.81)	0.180*** (14.74)	0.115*** (6.03)
年龄的平方					-0.005*** (-10.48)	-0.024*** (-9.43)	-0.003*** (-15.90)	-0.001*** (-4.64)
教育水平					0.317*** (-9.27)	1.222*** (-10.85)	0.138*** (-12.84)	0.123*** (6.79)
性别					0.078 (0.73)	0.121 (0.34)	0.023 (0.69)	0.281*** (6.69)
城乡					0.989*** (9.76)	3.284*** (9.67)	0.271*** (8.64)	0.117** (2.37)
未成年子女数			-0.141*** (-7.93)				-0.293*** (-13.18)	

续表

自变量	(1) Lnw (OLS)	(1) Lnw (Tobit)	(1) Select (Heckman)	(1) Lnw (Heckman)	(2) Lnw (OLS)	(2) Lnw (Tobit)	(2) Select (Heckman)	(2) Lnw (Heckman)
常数项	2.306*** (17.40)	-7.711*** (-16.03)	-0.662*** (-16.48)	9.229*** (27.02)	0.409 (0.79)	-20.66*** (-9.25)	-2.637*** (-13.69)	7.588*** (20.55)
mills lambda			0.707 (2.79)				-0.252* (-1.81)	
观测值	8992	8992	8992	8992	8506	8506	8506	8506

注：括号内为 t 统计值，***、**、* 分别代表在 1%、5% 和 10% 水平上显著。

5.4 本章小结

本章主要分析劳动力就业代际影响的家庭代际转移机制。首先，对家庭代际财务转移和家庭代际非财务转移机制进行了理论阐述。家庭代际财务转移机制体现为父母就业的经济收入为子女提供经济帮助，子女的就业动机由于经济压力减小而减弱。子女为父母提供物质赡养时经济压力增大，就业的可能性提高。家庭代际非财务转移机制一方面体现在家庭生产层面：父母为子女提供隔代照料，子女特别是女性的抚幼负担减轻，其就业的可能性就会增加；子女照料父母时就业可能性减小。另一方面体现在父母的个人发展：父母就业将会对其个人发展有较大助益，如社会关系和职业价值观等方面，继而影响子女就业。其次，使用 CFPS 2016 数据对父母就业影响子女就业的家庭代际转移机制进行了实证检验。我们发现，父母就业将有利于子女进入劳动力市场，这一效应主要通过两种途径来实现：一是如果父母工作，较高的收入用来购买商品或专业化的服务，直接用于隔代照料或使父母有更多的时间用于隔代抚育，将会促进子女就业。二是停留在工作岗位上有助于个人发展，父母一方面可以利用自身的经济社会资源来为子女求职服务，另一方面通过职业价值观来影响子女积极求职和多元化就业。最后，我们进一步检验了父母就业通过家庭代际转移机制对子女就业质量的影响，因为父母就业可能不仅影响子女就业的参与决策，也影响子女就业的参与质量。但总体上看我们并没有发现父母就业会对子女工资水平产生负向冲击的证据。

此外，我们还发现无论从参与决策还是参与质量上看，家庭财务转移机制对年轻人就业的影响十分显著。主要表现在三个方面：一是父母向子女提供经济支持时会对子女就业产生负向的"信号"作用，子女的就业的动机减弱，且工资水平较低。二是向父母提供物质赡养的年轻人就业概率更高工资率也更高，很重要的原因就是养老压力对其就业取得收入产生了较强的刺激作用。三是随着社会竞争的加剧和人力资本投资意识的增强，家庭对子女教育投资开支巨大，因此未成年子女数量越多，年轻夫妇就业的概率越高。

而家庭代际非财务转移方面，父母的隔代照料促进子女就业，但由于需要父母提供隔代照料的年轻人本身的家庭照料责任较重，其工资率并不高。而子女对父母的照料虽然不是其进行就业决策时主要考虑的因素，但却会对其工资水平产生负效应。父母的个人发展如经济社会地位和职业价值观等对子女就业的影响更多地体现为"门槛效应"，提高子女的就业概率但对其工资水平的影响甚微。

第 6 章

主要结论与公共政策启示

6.1 主要结论

21世纪初以来发生的人口结构转变使人口老龄化问题在我国得到了前所未有的关注。养老保障和劳动力短缺成为老龄化社会急需解决的两个重要问题。一方面，整个社会老年抚养比的快速升高，使国家面临的社会保障的财政压力越来越严峻，延迟退休年龄的政策需求日益迫切。另一方面，根据ILO的资料发现，积极老龄化的提出让老年人日益被视为经济发展的潜在贡献力量，他们仍具有通过就业改善自身和社会状况的能力，应该被纳入就业政策的各个层面。因此，提升年长劳动力的劳动参与率不仅有利于降低养老保险的财政压力，而且有利于对人力资本的有效利用，对劳动力资源也是一种有价值的补充。年轻劳动力具备最先进的劳动技能水平，是社会发展和技术进步的主要驱动力量，而刚刚进入劳动力市场的年轻劳动力又是就业弱势群体，其就业问题向来受到就业公共政策的重点关注。年长劳动力就业的增加是否会对年轻劳动力的就业水平和就业质量产生负向影响，是相关公共政策制定和推行过程中首要考虑的问题。

通过对年轻和年长劳动力就业特征、两类劳动力就业的主要影响因素、年长劳动力就业对年轻劳动力就业影响的劳动力市场机制、年长劳动力就业对年轻劳动力就业影响的家庭代际转移机制的研究，本书得出的主要结论如下。

（1）就业特征方面，年轻和年长劳动力的互补性大于替代性。从客观就业结果和主观就业偏好两个不同角度比较了年轻和年长劳动力的就业特征，结果发现：从就业的分类与分层特征来看，二者的人力资本同质性不高，互补性较强。主要表现在不同世代间受教育水平的显著差异上，在行业、职业、管理活动、单位类型、工作方式和就业地区等方面也表现出一定的世代差异。从就业择业的主观偏好特征来看，年轻和年长劳动力对工作回报、创业、"工资—闲暇"、主动转换工作的偏好差异较大。总结来说，年长劳动者对就业的主观偏好类型为"保障和稳定"，而年轻劳动力的偏好类型为"变动和挑战"。而在研究劳动力就业代际影响的岗位占用机制时，数据结果表明就业要素（如性别、年龄）相似度越高的劳动力岗位替代率越高，因此没有证据表明两类劳动力群体就业之间具有强替代性。

（2）影响就业的主要因素方面，年轻和年长劳动力存在较大差异。从个人、家庭和地区三个层面的特征因素出发，通过分析不同变量对两类劳动力群体就业的影响，进一步解析年轻和年长劳动力就业的同质性强度。结果发现，影响两类劳动力就业的主要因素差异较大，主要表现为：一是人力资本禀赋对就业的影响，年轻劳动力就业受其教育水平影响较大，而年长劳动力则更多地受其身体健康状况的影响。二是受教育水平对年长劳动者是否就业的影响小于年轻劳动力，但对年长劳动者工资水平的影响却大于年轻劳动力。三是同一个变量对两类劳动力群体就业的影响不同，比如非农业户口和城市中的年轻劳动力就业概率更大，年长劳动力就业概率更小，而有配偶的年轻劳动力就业的概率更大，年长者是否就业受婚配情况的影响却并不显著。这说明，影响年轻和年长劳动力两个群体就业的主要因素同质性较低。

（3）通过劳动力市场机制，年长劳动力就业对年轻劳动力就业产生的影响是双向的。分别使用行业和地区层面的数据，并借鉴拜伦和肯尼的中介作用模型，从竞争机制（岗位占用效应和就业延迟效应）和促进机制（消费拉动、投资拉动和工作搜寻）两个方向分析年长劳动力就业对年轻劳动力就业影响的劳动力市场机制，结果发现：年长劳动力就业对年轻劳动力就业的影响是双向的，这在使用OECD数据进行的统计分析中也得到了佐证。在行业层面，年长劳动力就业率提高在短期内对年轻劳动力就业所造成的岗位占用效应还是切实存在的。因此，如果提高年长劳动力就业率，短期内将对年轻劳动力就业产生岗位占用效应。而在地区层面上来看，年长劳动力就业增加直接增加适龄劳动人口密度，由 DMP 理论可知将降低企业的劳动力搜寻成本，增加企业的岗位供给意愿，从而促进年轻劳动力就业。鉴于上述结论，年长劳动力就业增加在一部分行业和岗位上会对年轻劳动力就业产生影响，但是这种负效应是有限的。

（4）从家庭代际就业决策来看，父代就业有利于子代就业，对子代的工资水平也不会产生负向冲击。父母就业有利于子女的劳动参与，这一效应主要通过两种途径来实现：一是如果父母工作，较高的收入用来购买商品或专业化的服务，直接用于隔代照料或使父母有更多的时间用于隔代抚育，子女特别是女性的抚幼负担减轻，其就业的可能性就会增加。二是停留在工作岗位上有助于个人发展，父母一方面可以利用自身的经济社会资源来为子女求职服务，另一方面通过职业价值观来影响子女积极求职和多元化就业。且父母就业不仅影响子女就业的参与决策，对子女的工资水平也有一定的正向作用，没有发现父母就业会对子女工资水平产生负向冲击的证据。

（5）家庭代际转移机制可以为年长和年轻劳动力就业的关系提供重要的解释。无论从参与决策还是参与质量上看，家庭财务转移机制对年轻人就业的影响十分显著。主要表现在三个方面：一是父母向子女提供经济帮助将会对子女就业产生负向的"信号"作用，子女的就业动机由于经济压力减小而减弱，且接受父母经济帮助的子女工资水平较低。二是向父母提供物质赡养的年轻人就业概率更高，工资率也更高，很重要的原因就是养老压力对其就业取得收入产生了较强的刺激作用。三是随着社会竞争的加剧和人力资本投资意识的增强，家庭对子女教育投资开支巨大，因此未成年子女数量越多，年轻夫妇就业的概率越高。家庭代际非财务转移方面，父母的隔代照料促进子女就业，但由于需要父母提供隔代照料的年轻人本身的家庭照料责任较重，其工资率并不高。而子女对父母的照料虽然不是其进行就业决策时主要考虑的因素，但却会对其工资水平产生负效应。父母的个人发展，如经济社会地位和职业价值观等对子女就业的影响更多地体现为"门槛效应",提高子女的就业概率但对其工资水平的影响甚微。

6.2 政策启示

就业公平、充分就业的实现,从根本上来说需要缩小群体间就业差距、缓和群体间就业矛盾。对长期而言,如何拓展就业渠道,优化就业结构,保证就业质量,不仅要将市场力量作为导向,还需要更好地发挥政府的就业长效调控作用。而为了达成"促进就业"的政策目的,公共政策的着力点不应该仅仅局限于就业政策,教育、社会保障、产业结构、家庭关系等经济社会基本面的发展状态都与就业有关。如何统筹促进年轻和年长两个劳动力群体的包容性就业?本书研究中得出的几个主要结论,期望对我国下一阶段促进就业的公共政策有一些启示。

1. 完善国民教育体系,提升各年龄段劳动力的人力资本水平

根据本书研究结论,虽然年轻和年长劳动力的资源禀赋和就业主观偏好差异很大,但较高的教育水平对二者的就业均有正向作用。教育水平较高的年轻劳动力劳动参与的概率更高,而教育水平越高的年长劳动力就业时的工资水平越高。因此,劳动力人力资本水平的提升,不仅有利于劳动者劳动参与率的增加,提高"就业总量"。而且随着经济发展方式的转变,产业结构不断升级,经济发展的方式逐渐从资本和劳动力驱动转变为人力资本驱动,劳动者人力资本水平的提升意味着劳动生产率的提高,将会进一步推动产业结构高端化,优化"就业结构"。

此外,在我们的研究中还发现,年长父母就业会促进其个人发展,并对年轻子女的就业产生积极影响。一般来说,人力资本水平越高的父母,经济社会资源越丰富,更有利于子女积极就业和多元化就业,形成以微观家庭为主体的就业"代际促进"。

短期来看,年轻劳动力的受教育水平取决于其在基础教育和高等教育阶段学历的最高水平,年长劳动力的受教育水平则还要包含其在职业生涯中获得的职业教育、成人教育等。因此,不仅要在基础教育和高等教育中更加强调能力的养成而非知识的灌输、更加强调学校教育与社会需求的匹配，从而降低结构性失业率。而且要进一步加强职业教育和成人教育的监督和认定，以改善当前企业招聘时对这两类教育认可度不高的局面，使劳动者有机会通过再教育提升自身的竞争力。在长期来看，教育是一项需要不断投入和优化的工程，不同世代的人都将在教育体系完善的过程中受益。在这一过程中，还应注意非正规教育体系（如通过图书馆、公共媒体、工作娱乐场所等获得教育）的优化，以及对社会学习风气的引导。

2. 深入推进"积极老龄化"的实施，完善对年长劳动力就业的保障和促进体系

随着医学水平的飞速发展，年长者越来越成为社会的劳动力价值提供者，而不仅仅是养老资源的消耗者。"积极老龄化"包含多方面的内涵，根本上是对年长者身心健康、劳动和社会参与、接受教育、社会保障等方面的积极鼓励。健康老龄化是开发年长劳动力资源的必要条件，本书发现健康状况是影响年长劳动力就业决策的首要因素，决定着年长劳动力的就业能力。此外，年长劳动力对就业的主观偏好呈现出鲜明的群体特征，比如创业热情不高、更加重视就业的稳定性、对收入水平的敏感度相对较低等，而我国当前的就业促进工作主要是为年轻劳动力群体服务，一些政策很可能在促进年长劳动力就业时表现乏力。

基于以上分析，一方面，要以完善基本社会保障体系为抓手，保证年长者"病有所医"，全面提升年长劳动力的健康水平是提高年长劳动力劳动参与率的根本保障。这需要医疗技术、社会保障制度等诸多社会基本面长期共同的发展，并进一步完善年长劳动力的就业保护制度，保障年长劳动力获得充分劳动保护的基础上，弱化制度设计给年长劳动者公平就业带来的"绊脚石"效应。另一方面，要重视并加强对年长劳动力就业促进制度设计的实效性，为年长劳动力提供更适合他们就业偏好的岗位。特别注意在一些稳定性较强、社会声望较高的岗位的招聘中弱化对年龄的歧视，并提供多元化的工作方式，如兼职、在家工作、灵活的工作时间等。

3. 延迟退休政策推行中，应考虑劳动力就业的代际影响

总体来说，研究结论对延迟退休政策持较为积极的支持态度，其中一些发现对延迟退休政策的推行方式提供了新的参考。一方面，研究发现年长劳动力就业的增加将会通过岗位占用效应对年轻劳动力就业产生不利影响，这种影响在使用短面板数据的检验中是显著的。因此，延迟退休政策的实施过程中，小步慢走十分必要，以缓和短期内的岗位占用效应，并充分考虑各行业内部特征。例如，就业的代际竞争性较强的行业应实行较为缓和的延迟退休政策，又如对于朝阳行业和夕阳行业实行差异化延迟退休年限等，减弱由于政策推行带来的劳动力群体间矛盾。且从理论上来看，在长期通过经济结构调整、产业结构升级等，年长劳动力就业对年轻劳动力就业的岗位占用效应会逐步减弱，并有利于"投资拉动"机制和"消费拉动"机制发挥作用，促进年轻劳动力就业。另一方面，我们发现在地区层面，年长劳动力就业的增加通过"工作搜寻机制"可以有效地促进年轻劳动力的就业，即年长劳动力就业增加直接增加适龄劳动人口密度，将降低企业的劳动力搜寻成本，并提高雇用到低工资率劳动力的可能，从而有助于增强企业雇用意愿，扩大就业。而且这种机制的作用过程中，适龄劳动人口的"密度"比"数量"更加重要。因此，延迟退休政策可以先在人口密集的大城市试点推行，特别是东部沿海地区（广东、福建、浙江、山东等），这些地区服务业、中小企业、私营经济和外向型经济发达，对劳动力成本较为敏感。因而可以充分发挥"工作搜寻"机制的就业促进效应，有利于劳动力就业的代际包容性增长。

4. 建立更加完善的社会化养老服务、托幼服务体系

一般认为，在经济增长过程中，以老年照料和幼儿照料为主要形式的家庭生产活动会对年轻人就业形成显著的负效应（Van Houtven et al.，2013；马焱、李龙，2012；沈可等，2012；马宇等，2018），当公共服务可以提供较为完善的养老服务和托幼服务，或市场服务体系中有比较成熟的相关产品可供选择时，年轻群体就可以通过申请或购买相关服务来替代传统的隔代照料或亲力亲为的家庭照料模式。我们的研究发

现，在家庭中不论是对父母的向上财务转移还是对子女的向下财务转移，都会对年轻人就业形成"压力型"动力，有利于其劳动参与率的增加。此外，由于当前隔代照料的现象在我国的城乡均十分普遍，如果有劳动能力的（外）祖父母不再是婴幼儿照料责任的重要承担者，其劳动参与水平很可能也会有较为明显的上升。因此，养老和托幼服务的市场化是统筹促进年轻和年长劳动者就业的有利方式之一。

这就需要出台相关政策促进养老服务、托幼服务的市场供给，保障其供给水平，优化其供给结构，制定和完善科学、合理、严格的服务标准，并对此类半公共性质的服务机构进行有效的监督，使其逐渐成为我国年轻群体在自雇型家庭照料模式之外的可靠选择。一方面，年轻劳动力购买养老和托幼服务直接形成其自身的财务压力，这种自选择的财务压力将对年轻劳动力业形成积极的刺激作用，有助于缩小"主观不就业"的年轻劳动力的规模，提高年轻劳动力的就业数量。另一方面，如果市场化的养老和托幼服务规模与质量得到保证，将使年轻人自身承担的家庭照料劳动量显著降低，无疑会有助于促进年轻人群体进入劳动力市场，发挥其劳动技能优势，有利于更好地发挥不同世代劳动力人力资本禀赋的"比较优势"，优化劳动力的代际就业结构。

5. 积极构建适应社会主义市场经济的新型家庭代际关系，培养父母对成年子女在经济上的"放手"意识

父辈在家庭中包办一切是我国延续下来的教养传统，这种现象在我国过去实行独生子女政策期间被进一步固化，导致了在子女成年期很多父母也无法完成角色转换，阻碍了子代独立思考和处理问题能力的发展。父母仍然向已经具有劳动能力的年轻子女提供经济帮助的情况在我国非常普遍，毋庸讳言，这种父母主动"被啃老"的财务转移抑制了年轻子女的就业积极性，客观上对其就业尤其是年轻女性就业产生了显著负效应。此外，我们在研究中发现的一个事实是，由父母财务转移导致的"财务错觉"使年轻子女们更倾向于消费高价格的商品，支出水平居高不下，其创业的条件也相对不足，最终表现为其核心家庭的资产积累较慢。而没有受到父母财务转移的年轻人取得收入和规划消费的动力和能力较强，其家庭资产积累反而较快，通过创业带动就业的可能性显著增大。这说明，父母对子女的"放手"实际上给了子女更好的独立面对社会的机会，对子女就业创业的意愿和能力都有积极影响。

随着家庭中代际权力关系的变迁，父母不再拥有对子代的惩戒、财产、主婚的绝对权威。然而，父母在经济上的"放手"和子女财务独立意识的形成也不是一蹴而就的。公共政策应重点在社会文化和意识形态层面加以积极引导，鼓励亲子关系类文化产品（如家长大学）等的开发，推动家长教育课程体系的建立和普及，从而提升父母对培养子女独立性的认同，推动形成既温情又有界限的新型家庭代际关系。此外，还可以通过制定一系列规范结婚习俗的法律法规，对彩礼等结婚支出做出法律意义上的数额限定，从而逐步减少父母向成年子女的"经济再哺"现象，进而消解家庭代际财务转移对年轻子女一代就业的负向激励。

附录一：人口老龄化问题的国际前沿研究进展

现阶段，几乎每一个国家都在经历着人口老龄化的考验，人口老龄化正在成为21世纪最具有重大意义的社会变革，它几乎波及所有的经济社会领域：劳动力和金融市场，商品和服务需求（如住房、交通和社会保障），以及家庭结构和代际关系[①]。从人口老龄化经济学的发展历程来看，从19世纪末期人口老龄化现象在发达国家出现到20世纪30年代受到欧美经济学家关注，人口老龄化发展进程对经济制度和社会秩序的挑战是其产生的主要社会背景。20世纪50年代以来，一些专门研究人口老龄化的经济学著作相继问世，如《人口老龄化及其经济和社会涵义》（B. Peter，1956）、《老龄化经济学》（James H. Schulz，1976）[②]、《面对零人口增长》（Joseph J. Spengler，1978）、《个体老化和群体老化的经济学》（Robert L. Clark & Joseph J. Spengler，1980）、《人口老龄化的人口学原因及经济后果》（G. J. Stolnitz，1992）[③]等，都对发达国家人口老龄化经济学的发展具有里程碑式意义。

21世纪，人口老龄化在全球蔓延进程的加快也敦促国内外经济学者关注其带来的多方面效应。当前，人口老龄化研究中的卫生政策服务、财政政策、企业财务、劳动关系、区域研究、发展规划等问题已经成为经济学界持续关注的重要研究课题。因此，我们以人口老龄化领域的英文文献为研究对象，使用共词聚类分析方法，对2000~2015年人口老龄化经济学领域的研究成果进行统计分析，并通过战略坐标图示人口老龄化经济学领域的研究现状和热点，分析国内外关注的中国人口老龄化问题，总结出国际范围内人口老龄化研究的前沿成果、高产国家、

---

① United Nations. World Population Ageing: The 2015 Revision, New York, 2015.
② 彭松建：《当代西方人口老龄化经济学》，载于《经济科学》，1987年第2期。
③ 李建民：《老年经济学与老龄化经济学》，载于《市场与人口分析》，2001年第5期。

高产研究机构、高产作者、主要英文期刊分布等科学的信息，为人口老龄化经济学领域的研究提供有价值的参考。

一、数据库的选择和文献的分类排序特征

以 Web of Science 数据库为数据来源，时间范围设置为 2000～2015 年。按照科学设定的检索策略：主题 = "population ag\$ing" 或 "demographic ag\$ing"，文献类型 = ARTICLE，语言 = ENGLISH，学科类别 = ECONOMICS，数据更新时间为 2016 年 10 月 10 日，共检索出文献记录 1931 条。

（一）发文量年度分布情况

根据图 1 中 2000～2015 年间人口老龄化领域每年的英文学术论文发文量和增加量，2000～2004 年年均发文量约为 25 篇，自 2005 年开始该领域发文量呈现较大幅度的稳定增长。2012～2015 年年均发文量稳定在 200 篇左右，2015 年人口老龄化领域英文发文量达到最高（230 篇）。

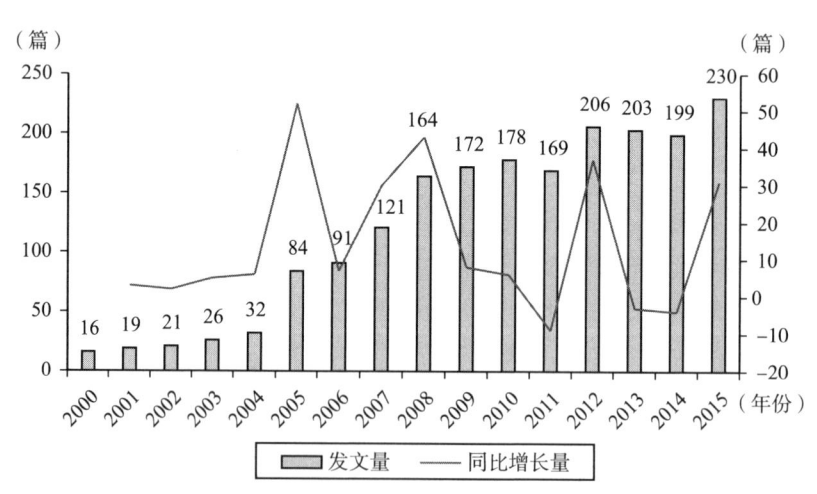

图 1　2000～2015 年 Web of Science 中人口老龄化领域英文论文年度分布

从图 1 可以看出，2004～2008 年，老龄化经济学领域的相关问题在国际范围内发文量增幅较大，原因主要有两个：一是从人口与经济社

会转型角度来看,越来越多的国家步入了老龄化社会,以及已经步入老龄化社会的国家出现了越来越多的经济社会问题,从而关于"老龄化—经济—社会"问题的研究成为国内外学术界关注的热点。二是从 Web of Science 学科类别来看,2004~2008 年学科类别从 12 个增长到了 40 个,增加的类别主要是财政金融、管理学、人口统计学、规划发展、商业、社会科学史、地理学、公共环境与职业健康、历史学和城市研究。而卫生保健科学服务、卫生政策服务和药物经济学等领域的研究发文量增幅最大。

(二) 刊发人口老龄化研究的英文国际期刊

2000~2015 年人口老龄化相关领域英文文献载文量在 20 篇以上的学术期刊有 15 种,其中《保健价值》(Value in Health)载文量最高(171 篇),占总发文量的 8.86%,Value in Health 刊载的论文领域涵盖了药物经济学,卫生经济学和以临床、经济学和基于病人报告的结果或偏好的效果研究,以及概念性和卫生政策相关的论文。《药物经济学》(Pharmaco Economics)载文 146 篇,居于第二位,主要刊载药物经济学、生命质量评估、最佳药物治疗以及保健疗效相关的权威和应用型论文。发文量位于第三位(74 篇)的《卫生经济学》(Health Economics)创立于 1992 年,主要刊发卫生经济学领域的学术论文。发文量位居第 4~15 位的期刊分别是:《欧洲卫生经济学》(European Journal of Health Economics)载文 62 篇、《经济学与人体生物学》(Economics and Human Biology)载文 52 篇、《人口经济学期刊》(Journal of Population Economics)载文 47 篇、《应用经济学》(Applied Economics)载文 43 篇、《卫生经济学杂志》(Journal of Health Economics)载文 41 篇、《交通地理学杂志》(Journal of Transport Geography)载文 37 篇、《生态经济学》(Ecological Economics)载文 27 篇、《经济建模》(Economic Modelling)载文 25 篇、《应用经济快报》(Applied Economics Letters)载文 21 篇、《保险数学和保险经济学》(Insurance: Mathematics and Economics)载文 21 篇、《养老经济学和金融学杂志》(Journal of Pension Economics and Finance)载文 21 篇以及《公共经济学杂志》(Journal of Public Economics)载文 21 篇。人口老龄化的研究论文在《美国经济评论》(American

Economic Review）等世界顶级期刊也有相当数量的刊载（10篇）。此外，值得注意的是，主要刊发中国经济问题相关研究的《中国和世界经济学》（*China & World Economy*）和《中国经济评论》（*China Economic Review*）分别刊载人口老龄化研究论文10篇和9篇。这说明人口老龄化问题的学术研究受到了越来越多的国际期刊的重视，其中不乏《美国经济评论》这样的顶级期刊，并且人口老龄化问题在研究中国问题的国际学术期刊中也逐渐受到关注。

（三）人口老龄化领域英文论文的高产国家

从表1可以看出，2000~2015年人口老龄化领域英文论文发文量位居世界前15位的国家分别是美国、英国、德国、澳大利亚、加拿大、荷兰、西班牙、法国、意大利、瑞典、日本、中国、比利时、挪威和捷克共和国。发文量位居第一位的美国累计发表论文612篇，远超其他国家和地区，这不仅表明美国的经济学科研究实力雄厚，还体现出美国学术界对人口老龄化问题的研究较其他国家更为重视。

表1　2000~2015年Web of Science中人口老龄化领域英文论文国家或地区分布

单位：篇

排名	国家	发文量	排名	国家	发文量	排名	国家	发文量
1	美国	612	6	荷兰	123	11	日本	69
2	英国	228	7	西班牙	105	12	中国	68
3	德国	179	8	法国	93	13	比利时	45
4	澳大利亚	144	9	意大利	82	14	挪威	43
5	加拿大	138	10	瑞典	70	15	捷克	42

世界上发达国家进入老龄化社会较早，19世纪末期法国、挪威和瑞典首先步入老龄化国家，而日本、德国和意大利是典型的超老龄社会①国家。先进入老龄化的国家对老龄问题关注得早，对相关问题的认

---

① 根据世界卫生组织定义，65岁及以上人口占总人口的比例达到20%时为"超老龄社会"。

识和研究也更加深入，所以人口老龄化问题在这些国家的研究较为丰富。我国自 20 世纪末进入老龄化社会以来，未富先老的快速老龄化在很多领域尤其是经济层面引发了诸多问题，老龄化进程和生育政策、社会养老保障和养老服务体系、特殊老年群体问题以及老龄化应对措施等研究受到了国内学者迅速而广泛的关注，发文量也逐步进入了世界前列。

（四）国际英文文献发文量居前的科研机构

科研机构的发文总量和合作关系可以表明该机构在老龄化领域的研究水平或关注程度，也可以反映出机构所在国家人口老龄化领域的科研人才队伍建设水平，还可以在一定程度上反映出研究机构的学者之间的合作等信息。设定阈值显示前 150 个高产出的科研机构，由 CiteSpace 软件生成的高产科研机构知识网络图谱见图 2。

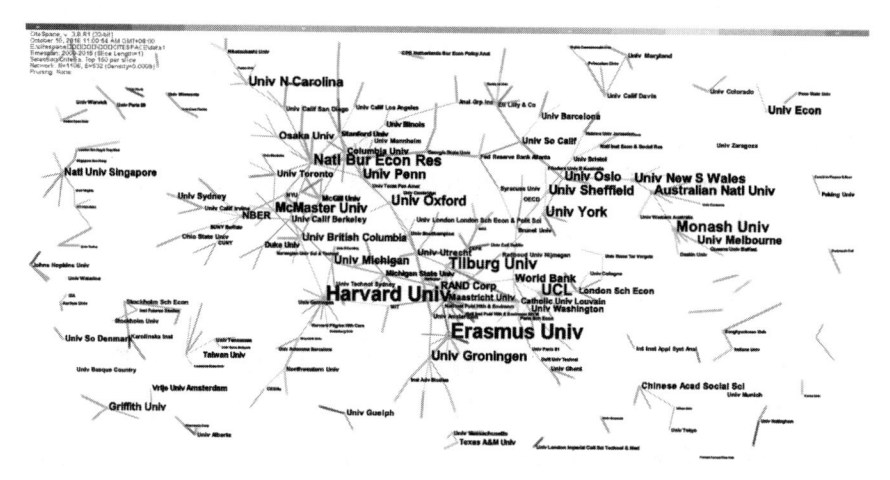

图 2　2000～2015 年 Web of Science 中人口老龄化领域英文论文的科研机构分布

2000～2015 年间人口老龄化领域英文发文量排名前 15 位的科研机构分别是：美国国家经济研究局（Natl Bur Econ Res，28 篇）、哈佛大学（Harvard Univ，24 篇）、鹿特丹大学（Erasmus Univ，24 篇）、伦敦大学学院（UCL，18 篇）、蒂尔堡大学（Tilburg Univ，18 篇）、莫纳什大学（Monash Univ，17 篇）、约克大学（Univ York，16 篇）、牛津大学（Univ Oxford，16 篇）、麦克马斯特大学（McMaster Univ，16 篇）、谢菲

尔德大学（Univ Sheffield，15 篇）、宾夕法尼亚大学（Univ Penn，15 篇）、新南威尔士大学（Univ New S Wales，15 篇）、北卡罗来纳大学（Univ N Carolina，15 篇）、格罗宁根大学（Univ Groningen，15 篇）和澳洲国立大学（Australian Natl Univ，15 篇）。这些研究机构集中分布在美国（4 个）、英国（3 个）、澳大利亚（3 个）、荷兰（3 个）和加拿大（2 个），从图 2 中也不难发现，在人口老龄化英文发文领域，已经形成了以美国国家经济研究局、哈佛大学、鹿特丹大学、麦克马斯特大学和澳洲国立大学等研究机构为核心的交叉合作科研网络。

发文量前 15 位的学术研究机构中没有中国的科研机构，这表明中国的科研机构在国际英文期刊上发表论文较少，与国际学术机构的合作也较少，这是需要国内人口老龄化研究领域的学者关注的问题。在国际英文期刊发表人口老龄化领域论文较多的国内科研机构有：中国社会科学院（Chinese Acad Social Sci，10 篇）、台湾大学（Taiwan Univ，8 篇）、北京大学（Peking Univ，6 篇）、上海工程技术大学（Shanghai Univ Engn Sci，3 篇）、复旦大学（Fudan Univ，3 篇）、中国科学院（Chinese Acad Sci，3 篇）、南开大学（Nankai Univ，2 篇）、台湾政治大学（Chengchi Univ，2 篇）、台湾成功大学（Cheng Kung Univ，2 篇）和西安交通大学（Xi'an Jiaotong Univ，2 篇）。

（五）人口老龄化领域英文论文的高产作者

高产作者表明该学者在人口老龄化经济学问题的研究中成果比较突出。该领域中，有长期关注人口老龄化问题的人口学家，也有研究人口老龄化和卫生经济学、药物经济学、公共经济学、劳动经济学、发展经济学等领域交叉问题的专家学者。下面仅对 2000~2015 年英文发文量大于 5 篇的高产作者进行简要分析：

吉特卡·兰哈姆洛瓦（Jitka Langhamrova）于 2000~2015 年间在人口老龄化经济学研究中累计发表英文论文 8 篇，居于首位。该学者是捷克的人口统计学专家，长期以来主要关注社会人口学、住房统计、区域人口学、应用人口学、人口经济学、人口老龄化的影响、特殊群体和迁移等领域的问题，在人口老龄化领域的研究主要集中在 2009 年以后，涉及的问题有：人力资源（2009）、迁移和人口老龄化的关系（2010）、经济发展和社会依赖（2013）、预期寿命研究（2013~2014）以及公共养老金问题（2014至今）。

本·J.海伊德拉（Ben J. Heijdra）发文量为7篇，他于1998年加入格罗宁根大学经济与工商管理学院，是研究与政策相关的宏观经济学理论的知名学者。与人口老龄化相关的研究主要关注人口老龄化与宏观经济运行的关系。其近5年的老龄化研究关注了人口老龄化社会的人力资本积累、养老金与经济增长等问题。

约翰·布拉齐尔（John Brazier）发文量为7篇，该学者是谢菲尔德大学的卫生经济学教授，拥有长达25年的健康干预的经济评估研究经验，其在人口老龄化领域发表的论文主要研究了卫生经济学评价的测量和估值问题。

罗斯·格斯特（Ross Guest）累计发文量为7篇，是格里菲斯大学商学院的教授，格斯特教授主要的研究方向有人口老龄化的经济学、政府财政收支政策和教育经济学。

亚历克西娅·普斯卡弗茨（Alexia Prskawetz）累计发文量为6篇，她是维也纳技术大学经济数学方法研究所的教授，长期致力于人口经济学、个体老龄化、长期经济增长和环境经济学的学术研究。

阿克塞尔·波尔代普安（Axel BoerschSupan）是慕尼黑理工大学的老龄化经济学教授，发文量为6篇，同时担任普朗克社会法律与经济研究所的慕尼黑老龄化经济学研究中心主任。他近年来关于老龄化的研究主要关注了养老金改革和劳动力市场等问题。

蔡昉（Fang Cai）是中国社会科学院的教授，发文量为6篇，根据Web of Science的数据，蔡昉于2006年开始发表与人口老龄化有关的英文论文，涉及的领域主要有失业、经济增长和社会保障问题。

二、数据处理方法

CiteSpace可视化[①]软件主要功能是对输入的文献数据进行可视化分

---

① Chen, C. *CiteSpace* Ⅱ: *Detecting and visualizing emerging trends and transient patterns in scientific literature*, Journal of the American Society of Information Science and Technology, 2006, 57 (3): 359-377.

析和矩阵的生成，然后运用生成的矩阵获得关键词共现矩阵。我们在共词聚类分析的基础上，应用战略坐标图来展示人口老龄化领域的研究现状及热点。

(一) 共词分析

共词分析（co-word analysis）属于内容分析方法的一种。它的原理主要是对一组词两两统计它们在同一篇文献中出现的次数，以此为基础对这些词进行聚类分析，从而反映出这些词之间的亲疏关系，进而分析这些词所代表的学科和主题的结构变化[1]。目前，这一方法已被广泛应用于各个领域：如医学[2]、图书情报[3]、能源材料[4]、劳动经济学[5][6]、政治经济学[7]、世界经济学[8]等。

(二) 基于余弦指数的聚类分析

1. 余弦指数

在共词网络中，节点表示关键词，节点间的连线表示两点所代表的关键词存在共现关系，连线的强度，也即共现强度，由余弦指数加以测度。其公式为：

$$\text{cosine} = \frac{F(A, B)}{\sqrt{F(A)F(B)}} \tag{1}$$

---

[1] 冯璐，冷伏海：《共词分析方法理论进展》，《中国图书馆学报》，2006年第2期。
[2] 崔雷，杨颖，王孝宁：《重点学科发展战略情报研究（二）——共词战略坐标》，《情报理论与实践》，2009年第7期。
[3] 杨颖：《国际图情学领域研究热点的引文战略坐标分析》，《情报杂志》，2011年第3期。
[4] 郝韦霞，滕立，陈悦等：《基于共词分析的中国能源材料领域主题研究》，《情报杂志》，2011年第6期。
[5] 沈君等：《中国劳动经济研究领域文献计量报告（2012）》，《劳动经济评论》，2014年第1期。
[6] 课题组：《中国劳动经济研究领域文献计量报告：2000~2011》，《劳动经济评论》，2013年第1期。
[7] 罗润东，徐丹丹：《我国政治经济学研究领域前沿动态追踪——对2000年以来CNKI数据库的文献计量分析》，《经济学动态》，2015年第1期。
[8] 撒凯悦，沈君：《世界经济研究领域前沿动态研究——基于2000年以来CNKI数据库的文献计量分析》，《经济学动态》，2015年第6期。

其中，F(A) 表示关键词 A 在给定关键词集合中出现的次数；F(B) 表示关键词 B 给定关键词集合中出现的次数；F(A, B) 表示关键词 A、B 共同出现的次数。该指数的取值范围在 0 至 1 之间，值越大，表明关键词间的共现强度越高。

2. 聚类分析（Cluster analysis）

聚类分析是数据挖掘中的一种很活跃的文献计量和可视化的方法，依据关键词与关键词之间的共现强度，把一些共现强度较大的关键词聚集在一起形成一个个聚类。划分聚类的算法有很多，如层次聚类、非层次聚类、K 均值聚类、智能聚类等。但因传统的聚类算法是将词间距离最短的词聚集在一起的，存在没有中心概念、聚在一起的词未必能表达同一内容、聚类间的相互关系无法体现等局限性，本书在聚类算法的使用上，借鉴卡龙（Callon）构建子簇的方法，即在构建的一个子簇中最多只有 10 个关键词，将共现矩阵中余弦指数最高（共现强度最大）的一对技术术语作为该聚类的主题词，来反映该聚类的研究内容或研究方向。

（三）战略坐标

劳等（Law et al.）提出了用"战略坐标"（Strategic Diagram）来描述某一研究领域研发热点的结构及其变化趋势[①]。本书在建立主题词的共词矩阵和聚类分析的基础上，以聚类的关注度指标为横轴，新颖度指标为纵轴，建立聚类的战略坐标。战略坐标图可以展示整个人口老龄化研究领域的各聚类的位置，根据四个象限中各聚类的分布情况，可以描述出该研究领域的研究现状，以及未来的发展趋势和变化。

1. 新颖度（novelty）

新颖度是根据关键词达到阈值的时间，计算每个聚类以余弦指数为权重的加权平均共现时间，以此反映该聚类的加权平均年龄，再计算每个聚类的加权平均年龄与全部聚类平均年龄的离均差，称为"新颖度"。值有正负之分，若值为正数，表明研究的时间比较晚；若值为负

---

① Law, J. et al. *Policy and the mapping of scientific change: A co-word analysis of research into environment alacidification*, Scientometrics, 1988, 14 (3): 251-264.

数,表明研究的时间较早①。

设共现聚类有 n 个,每个聚类中有 m 个关键词,用 Y 代表出现的年份,则"新颖度"的公式为:

$$ND_i = \sum_{j=1}^{m} wY_{ij} - \frac{1}{n}\sum_{i=1}^{n} Y_i, (i = 1, 2, \cdots, n; j = 1, 2, \cdots, m)$$

(2)

式（2）中,ND_i 代表第 i 个聚类的新颖度,$\sum_{j=1}^{m} wY_{ij}$ 为第 i 个聚类的 m 个关键词的加权平均共现时间,权重 $w = \frac{cosine_j}{\sum_{j=1}^{m} cosine_j}$,$\frac{1}{n}\sum_{i=1}^{n} Y_i$ 为所有聚类的加权平均共现年度的均值。

2. 关注度（concern）

关注度是根据各关键词的共现频次,计算每个聚类以余弦指数为权重的加权平均共现频次,再计算每个聚类的加权平均共现频次与全部聚类的平均共现频次的离均差,以此反映该聚类的受关注程度,称为"关注度"。值有正负之分,若值为正数,表明该聚类所代表的内容的研究受关注程度较高;若值为负数,则表明该聚类所代表的内容的研究受关注程度较低。

设共现聚类有 n 个,每个聚类中有 m 个关键词,用 F 代表共现频次,则"关注度"的公式为:

$$C_j = \sum_{j=1}^{m} wF_{ij} - \frac{1}{n}\sum_{i=1}^{n} F_i, (i = 1, 2, \cdots, n; j = 1, 2, \cdots, m)$$

(3)

式（3）中,C_i 代表第 i 个聚类的关注度,$\sum_{j=1}^{m} wF_{ij}$ 为第 i 个聚类的 m 个关键词的加权平均共现频次,$\frac{1}{n}\sum_{i=1}^{n} F_i$ 为所有聚类的加权平均共现频次的均值。

---

① 沈君等:《技术坐标视角下的主题分析:以第三代移动通信技术为例》,《情报学报》,2012 年第 6 期。

三、数据分析结果

(一) 共词聚类

借鉴卡龙等的聚类原则[①]来进行聚类划分，基本原则如下：①在project文件夹中生成的关键词矩阵（377×377）中，通过查找余弦指数最高的一对关键词，作为第一个聚类的主题词。②将方阵中的377个关键词与该对关键词的任一关键词的余弦指数进行降序排列，由高到低选取10个以内余弦指数大于0的关键词，其中包括作为主题词的一对关键词。③聚类生成以后，将已加入聚类中的关键词在方阵中做行和列的同时删除，以保证已加入聚类中的关键词不会加入其他的聚类。④循环进行步骤①到步骤③，直到将所有存在共现关系的关键词都加入聚类中。此时矩阵中即使仍有余下的关键词，它们之间的余弦指数也为0，即这些关键词之间已经没有共现关系，聚类生成结束，余下的关键词不再加入任何聚类。

通过聚类分析来识别研究内容和研究方向，按照上述的聚类方法和原则，将377个关键词划分出55个聚类。其中有些聚类只有两个聚类成员，这类聚类不能准确反映聚类所代表的研究方向和内容，因此这些聚类不作为分析对象，删除这些聚类，最后形成的有效聚类共计37个。根据每个聚类所包含的关键词概括出聚类名称，37个聚类名称就是该领域的主要研究内容和研究方向见表2。

表2　　　　　　　　　聚类名称和聚类成员

序号	聚类名称	聚类成员
1	心血管疾病	普伐他汀、冠心病（2006）、成年人、肥胖、代谢综合征、心血管疾病、预防、事件、心血管风险、美国
2	骨质疏松症	骨质疏松症、绝经的妇女、骨折、椎骨骨折、成本-效果、照料、风险、成本

---

① Callon, M., J. P. Courtial & F. Laville, *Co-word analysis as a tool for describing the network of interactions between basic and technological research: The case of polymer chemistry*, Scientometrics, 1991, 22 (1): 155 – 205.

续表

序号	聚类名称	聚类成员
3	信息消费	知识、信息、消费、估价、策略、支付意愿（2007）、竞争、领悟力、处方药、行为
4	生命质量量表	六维度健康调查简表、健康调查简表、欧洲五维健康量表、生命质量、有效性、指数、成本－效果分析、与健康相关的生命质量、EuroQol、状况
5	时间序列	时间序列、单位根、协整关系、人口结构
6	疾病压缩理论	压缩、发病率、危险度因子、趋势、冠心病（2003）、经济评价（2003）、市场、德国、附属地、医疗保健
7	公共教育支出和代际冲突	公共教育、政治经济学、代际冲突、开支、不均等（2006）、需求、财政、人口老龄化（2010）、福利、人口变化
8	人体测量学	人体测量学、长期趋势、高度、人力资本、权重、印度人、身材
9	直肠结肠癌筛查	筛查、直肠结肠癌、预期寿命、支出、欧洲
10	安康功效值	安康功效值、普遍人群、间歇性跛行、成本—效用分析、价值、收入（income）、自评健康、高血压、生活质量、时间
11	血脂异常与糖尿病	血脂障碍、糖尿病、生命周期、患病率、疾病（desease）、健康、儿童、生产率、就业
12	临终成本	生命、老龄化（ageing）、临终成本、决定因素、模型（models）、去年、发达国家、OECD国家、人口、长期护理
13	随机死亡率模型	随机死亡率、扩展、人口数、Lee-carter模型、不确定性、模型（model）、长寿、选择（selection）、人口统计学、国家
14	出行行为	体力活动、步行、周期工作、安全措施、社会经济地位、出行行为、发展中国家（2009）、活动性、超重、态度
15	随机对照试验	随机对照试验（2006）、经济评价（2007）、香烟、伤残、健康状况、5年随访、青少年、处理
16	储蓄率	人口统计资料、青年、商业周期、储蓄率、永久收入假说、中国、生命周期模型、储蓄（2007）、价格、面板数据
17	卫生保健	健康保险、影响、卫生保健、需求模型、使用权、老龄化（aging）、发展中国家（2007）、药物使用、决策、可靠性
18	死亡率与人口健康	生长激素缺乏症、死亡率、体重指数、澳洲、幸福、妇女、人口健康、生育力、人口过渡、存活率

续表

序号	聚类名称	聚类成员
19	养老金改革	社会保险、遗产、投资、养老金改革、未来、财政政策、养老金（pensions）、内生性增长、人口老龄化（2005）、家庭
20	经济转型	经济增长、世代交叠模型、转型（transition）、储蓄（2005）、移民（immigration）、英国、债务、教育、年龄结构、长期预测
21	世代交叠	中国台湾、增长、规格、退休、世代交叠、福利国家、容量、孟加拉国、改革、代际转移支付
22	劳动力	结果、规模、经济、劳动力、效用（utilities）、瑞典、绩效、冲击、偏好、年长者
23	资产配置	投资组合、资产配置、理财能力、性别差异、参与
24	失业	工资、收入（earnings）、失业率、失业保险、劳动力市场、自主创业、动态、移民（immigrants）、收入不平等、政策
25	支付意愿	质量、支付意愿（2010）、选择（choice）、经验主义、期望、比率
26	交通行为	交通、土地使用、建成环境、步行方便程度、社区
27	撒哈拉以南的非洲	撒哈拉以南的非洲、传染病、南非、荟萃分析
28	营养不良	营养学、营养不良、资源、印度、快餐、出生体重、推论、亚洲、农业、性别
29	停止驾驶	汉密尔顿都市普查区、停止驾驶、可持续性、老年人
30	社会保障	保险、大分流、财富、人口老龄化（2007）、智利、公共养老金、社会保障、迁移、下降、Lee-carter方法
31	青年时期	青年时期、经历、决定、婚姻、异质性、市场、面板数据
32	非甾体抗炎药物	双盲法、随机对照试验（2001）、非甾体抗炎药物
33	迁移经济学	迁移、经济学、歧视、预测、功效
34	职业	法国、职业、模式、前景、加拿大、运输
35	经济负担	群体、经济负担、不平等（2012）、不景气、贫穷
36	疾病	疾病（illness）、履行、荷兰、效用（utility）、成人死亡率
37	创业	创业、养老金（pension）、转型（transitions）、效率

（1）达到阈值的时间不同但中文含义相同的关键词在CiteCpace中被视为不同的关键词，标注时间以示区分。

（2）相同单词的不同形式或中文翻译相同的一对不同单词，标注英文以示区分。

（二）战略坐标分析

1. 基于新颖度和关注度的研究方向分区

绘制以聚类的关注度为横轴、新颖度为纵轴的战略坐标图。如图3所示，全部37个聚类中，有2个聚类位于第一象限，13个聚类位于第二象限，10个聚类位于第三象限，12个聚类位于第四象限。

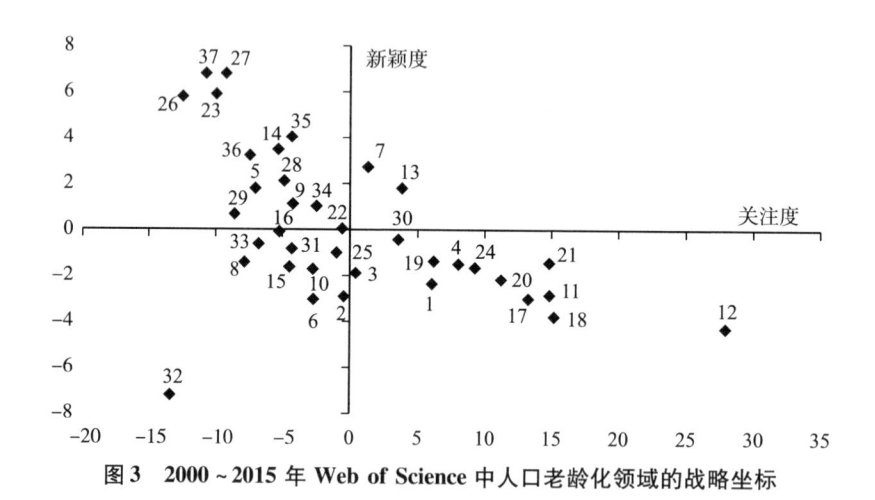

图3 2000~2015年Web of Science中人口老龄化领域的战略坐标

聚类7和聚类13位于第一象限，它们的新颖度和关注度均大于等于0，它们所代表的研究内容是2000~2015年间人口老龄化领域相对比较成熟的研究内容和方向，我们将其定义为2000~2015年间的人口老龄化研究的"核心"内容，是目前人口老龄化的英文研究的热点领域。聚类7和聚类13分别为"公共教育支出和代际冲突"和"随机死亡率模型"的相关内容。

聚类5、9、14、16、22、23、26、27、29、34、35、36、37位于第二象限，具体包括"时间序列""直肠结肠癌筛查""出行行为""储蓄率""劳动力""资产配置""交通行为""撒哈拉以南的非洲""停止驾驶""职业""经济负担""疾病""创业"等相关内容。第二象限的聚类新颖度大于0，而关注度小于0，这些聚类所代表的研究内容属于2000~2015年间人口老龄化领域新出现的研究方向，但是在学术界的受关注程度还不高。随着时间推移，这些新兴的研究领域将会有两种发展方向：一是随着学术界相关研究的增加，关注度有所提高，该研究方向从第二象限移动到第一象限，成为人口老龄化领域的核心研究内容。二是受世界经济动态变化的影响，该研究方向的关注度持续不高，则此聚类将移动到第三象限，成为被边缘化的研究内容。因此，我们将第二象限的研究内容称为"潜在"研究领域。

聚类2、6、8、10、15、16、25、31、32、33位于第三象限，新颖度和关注度都小于0，它们所代表的研究方向受到学术界的关注程度不高，时间又比较靠前，我们将其定义为"边缘化"的研究内容。这些聚类可能曾经是人口老龄化领域比较热门的课题，近几年淡出了人口老龄化研究的主流视域；也可能是在人口老龄化领域一直关注度不高，近几年研究仍相对较少的领域。它们分别是"骨质疏松症""疾病压缩理论""人体测量学""安康功效值""随机对照试验""储蓄率""支付意愿""青年时期""非甾体抗炎药物""迁移经济学"等。

聚类1、3、4、11、12、17、18、19、20、21、24位于第四象限，具体领域包括"心血管疾病""信息消费""生命质量量表""血脂异常与糖尿病""临终成本""卫生保健""死亡率与人口健康""养老金改革""经济转型""世代交叠""失业"等。这些聚类的关注度大于0，新颖度小于0，这说明它们虽然不是近几年的新兴研究方向，但受关注程度一直居高不下。我们定义这些聚类所代表的研究内容为人口老龄化经济学领域的"基础"研究。

2. 研究热点和潜在热点分析

在战略坐标图3中，根据新颖度和关注度的指标含义以及各个象限的含义来看，"临终成本""血脂异常与糖尿病""死亡率与人口健康""世代交叠"受关注度较高，是2000～2015年人口老龄化研究的热点领域。而"资产配置""交通行为""撒哈拉以南的非洲""创业"则是这期间人口老龄化研究中比较新颖的研究领域，它们有可能成为人口老龄化未来的热点问题。

在战略坐标图中，可以清楚地看到当前关注度和新颖度都较高的研究方向，即聚类7和聚类13。根据聚类7的成员构成可以确定其主要是关于"公共教育支出和代际冲突"的研究。国内外学术界对老龄化条件下的公共教育支出的关注从2008年开始升温，一些学者从社会群体博弈的角度出发，认为老年人口比重增加会提高医疗和社会保障的话语权，降低政府教育投入的话语权[1][2]，老龄化加剧了公共人力资本投资的代际冲突。基于实证分析的结果却并不明朗，有的研究发现工业国家的人口老龄化将会对政府的公共教育支出产生挤出效应[3]，但有研究结果却支持老年人比重上升将提高每个学生的教育支出[4]，这也引起了诸多国内外学者对该问题的关注，还有学者从人力资本积累的角度入手，分析了老龄化通过影响公共教育支出影响经济增长等问题。聚类13是关于"随机死亡率模型"的相关问题。以李·卡特（Lee - Carter）模型为代表的随机死亡率模型主要用来预测未来死亡率的变动，是识别和度量长寿风险的基础性工具。根据人口学的研究，决定老龄化程度有两个最关键的原因：一是预期寿命，二是生育率水平。长寿带来的人口老龄化风险对国家养老金制度、保险公司的养老金业务和企业年金影响日益深化。随着世界各国逐步迈入老龄化社会，对随机死亡率模型的研究得到了国际学术界的持续关注。

2000~2015年间具有较大关注度但缺乏新颖性的领域主要有"心血管疾病""血脂异常和糖尿病""临终成本""养老金改革""世代交叠"等。这些研究方向提出较早，受到持续而广泛的关注，相关研究成果较为成熟，在人口老龄化领域的研究中处于重要的基础地位。比如，心脏病、中风、癌症、糖尿病等慢性非传染性疾病是老年人面临的主要威胁，伴随着人口老龄化进程的不断深化，由此带来的社会养老负担也不断增大，相关问题受到了卫生经济学和公共经济学等领域专家学者的关注。而OLG经过修改和拓展，被广泛地应用到了公共养老金、住房和能源消费、劳动力市场和税收等领域的人口老龄化研究中。

此外，人口老龄化领域新兴起却还没有被学术界普遍关注的研究方向主要有聚类23、26、27和37。聚类23主要是关于"资产配置"问

---

[1] Cattaneo, M. Alejandra; Wolter, Stefan C. *Are the elderly a threat to educational expenditures?* European Journal of Political Economy 2009, 25 (2): 225 - 236.

[2] Galasso, V. *The Political Future of Social Securityin Aging Societies.* The MIT Press, 2006.

[3] Borge, L - E and J. Rattso, *Young and Old Competing for Public Welfare Services.* CESifo working paper, 2008.

[4] Kurban, Haydar, Gallagher, Ryan M., Persky, Joseph J. *Demographic changes and education expenditures: A reinterpretation.* Economics of Education Review, 2015 (45): 103 - 108.

题的研究，现阶段该问题在人口老龄化领域的研究较为分散，基本上可以分为三个方向：一是养老基金的投资组合问题。二是个体退休后的投资规划选择，是遵从保守的养老金制度还是进行积极的投资规划，对人寿保险和私人养老保险需求的研究也属于这一方向。三是年龄对投资组合的影响，一般是探讨年龄与风险资产持有偏好的关系。聚类26是关于老年人"交通行为"的研究，快速的老龄化引起了一些学者对老年人交通行为特征的研究兴趣，在"积极老龄化"和"健康老龄化"理念的影响下，越来越多的研究人员关注交通行为对老年人生活质量的影响，目前的研究已经对"停止驾驶对老年人健康状况的影响""建成环境的交通便利性对老年人总体活动量的影响""交通行为对老年人体重指数的影响"等问题有所涉及。聚类27主要是关于"撒哈拉以南的非洲"的研究，这些少量的研究关注了撒哈拉以南的非洲的传染病特别是艾滋病毒（HIV）的问题。在撒哈拉以南的非洲，中老年人（50岁及以上）约占HIV呈阳性的15岁及以上人口的15%[1]，对HIV阳性人口的老龄化的研究，以及调整HIV医疗服务的目标，从而满足中老年HIV携带者日益增加的医疗需求意义重大。聚类37对老龄化相关的"创业"问题进行了初步探讨，如"创业决策与年龄的倒U形关系""退休人员对自我雇佣与被雇佣的选择"等。随着人口老龄化的加剧，传统就业市场将无法满足总的就业需求，老年人的自我雇佣就会不断增加，这也是老年人实现自我价值、"积极老龄化"和劳动力市场改革的目标要求，虽然已有研究尚不成熟，但该问题很可能成为未来人口老龄化领域重要的研究课题。

（三）国际英文文献所关注的中国老龄化经济问题

从1931篇论文中筛选出有关中国问题的研究文章，共精炼得到87篇研究中国人口老龄化经济学问题的论文。使用CiteSpace进行关键词（keywords）的共现分析，生成2000~2015年中国的老龄化经济学问题的关键词共现知识图谱，见图4。去掉作为检索的关键词"China"和

---

[1] Joel Negin, Robert G Cumming, *HIV infection in older adults in sub-Saharan Africa: extrapolating prevalence from existing data.* Bulletin of the World Health Organization, 2010, 88 (11): 847-853.

"population aging"，以便更好地关注具体的研究内容。我们按照关注度排序归类整理了十个研究方向。

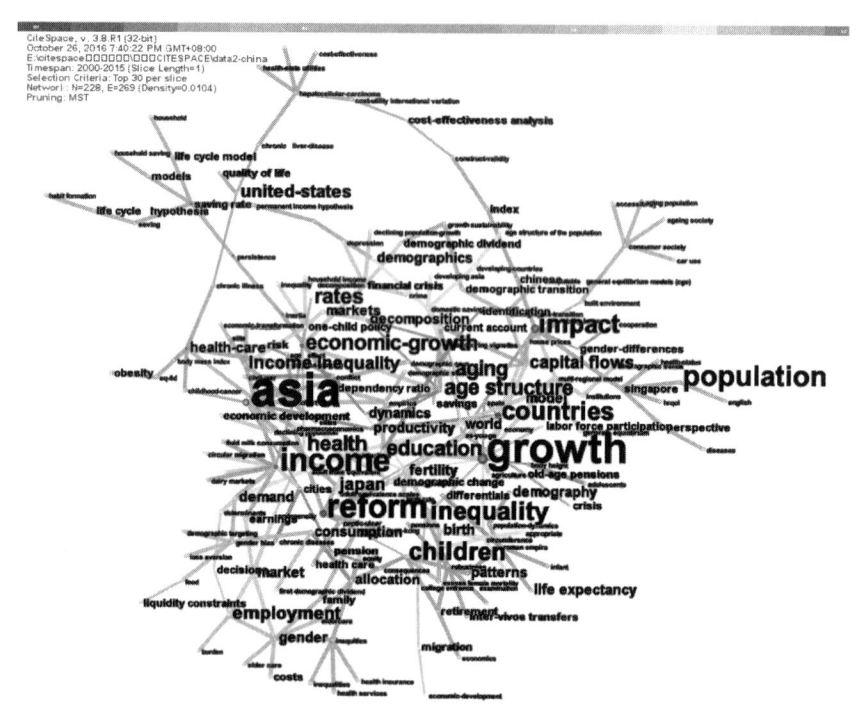

图4　2000~2015年中国的老龄化经济学问题的关键词共现知识图谱

1. 亚洲的老龄化问题

关键词"亚洲"（Asia）共现频次最高，原因是亚洲各国正处在人口转变的不同阶段，中国的老龄化程度虽然比不上日本，但老龄化的速度极为惊人，很多学者以中国作为典型样本分析了亚洲的人口老龄化问题，如人口结构转变、储蓄率、社会保障和劳动力市场发展等。

2. 经济增长

主要包括人口老龄化和国民储蓄增长，人口结构变化对经济增长的影响，中国的经济增长和大规模移民，人口红利和经济发展的关系，中国中等收入陷阱的年龄因素，老龄化对中国经济增长的威胁，人口老龄化与住房消费，基于系统动力学的老龄化—经济—社会研究，人口老龄化、消费预算分配和部门的增长等问题。

3. 养老金改革

主要包括养老金改革和财政危机、养老金制度中的中长期被动投资策略、养老保险制度改革的机遇和挑战等问题。

4. 代际关系

主要包括代际转移、人力资本和长期增长，全球经济、老龄化和代际不平等，孩子对年迈父母的代际转移，代际差距对消费不平等的影响等问题。

5. 差距和不平等

主要包括人口老龄化对收入不平等的影响、养老保险的不公平问题、招聘中的性别歧视、人口健康的民族差距等问题。

6. 劳动力市场

主要包括中国的劳动力转移、农村就业和工资、人口和劳动力市场的变化对经济增长的影响、中国的劳动力市场该如何应对人口红利结束、医护人员的劳动力供给、人口老龄化与劳动力市场中信任和互惠的决定因素、已婚妇女对儿童和老年人的照料与劳动力市场参与、城市失业工人再就业等问题。

7. 财政金融

主要包括人口老龄化和财政政策、年龄结构和经常账户盈余、人口和低频资本流动、预期寿命与民办教育投资、省政府卫生支出的决定因素、人口趋势和国际资本流动、老龄化和资产收益率、家庭储蓄的决定因素等问题。

8. 社会保障

主要包括人口老龄化和社会保障、长期护理保险、社区居家养老服务、家庭养老与养老金制度缺失等问题。

9. 老龄化在城市与农村

主要包括中国农村的老人赡养和养老金、农村的医疗服务、中国的城乡移民是永久居留还是环形迁移、城市社区的养老公共服务、城市和农村的养老保障制度、老龄化条件下的农村儿童、从养老金看城市收入再分配等问题。

10. 健康卫生

主要包括中国的性别健康差距、独生子女政策是否影响老年健康、家庭内部的营养不平均分配、健康评估、生活健康质量与体重指数、糖尿病等问题。

我们采用共词分析、聚类分析和战略坐标相结合的方法，描述了当前国际英文论文中人口老龄化经济学领域的研究现状、热点和趋势。归集了2000~2015年国际英文论文范围内人口老龄化领域发文量居前的作者、国家、研究机构等信息。通过共词聚类和战略坐标图示，我们发现"临终成本""公共教育支出和代际冲突""随机死亡率模型""世代交叠"等相关问题是学界内关注的热点，这说明人口老龄化领域的学者在这几个学术内容上的研究较多。而新颖度较高的则有"资产配置""交通行为""撒哈拉以南的非洲""创业""经济负担""出行行为"等，表明在人口老龄化的经济学院研究领域中，这几个学术研究领域是目前比较新的、有待于进一步研究的领域。此外，我们精炼了国际上所关注的中国人口老龄化问题，主要有"人口老龄化和经济增长""养老金改革""代际关系""差距和不平等"等内容，希望这些分析结论为今后国内外的人口老龄化研究提供参考和借鉴。需要说明的是，我们使用的可视化软件和共词分析相结合的方法，虽然它可以直观、全面地揭示人口老龄化经济学研究领域的研究现状、热点和趋势，但其中可能存在一些局限，诸如"标引者效应"的存在、数据规范化处理和阈值的设定等，这可能对分析结果有一定的影响，但不会影响基本结论的得出。

附录二：2016年43个国家分性别分年龄组的就业率

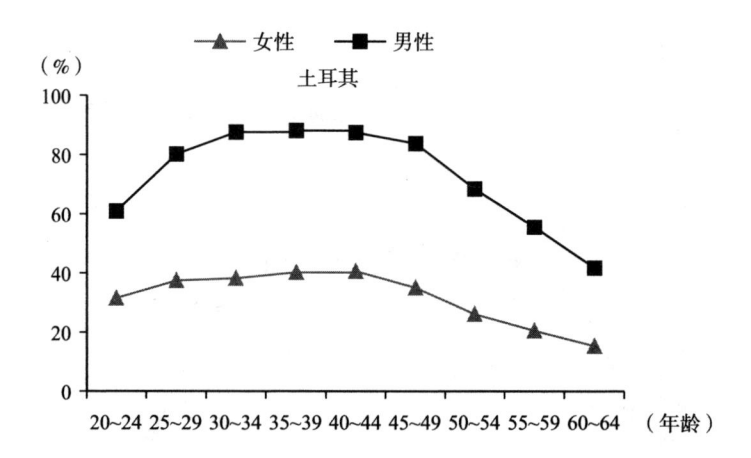

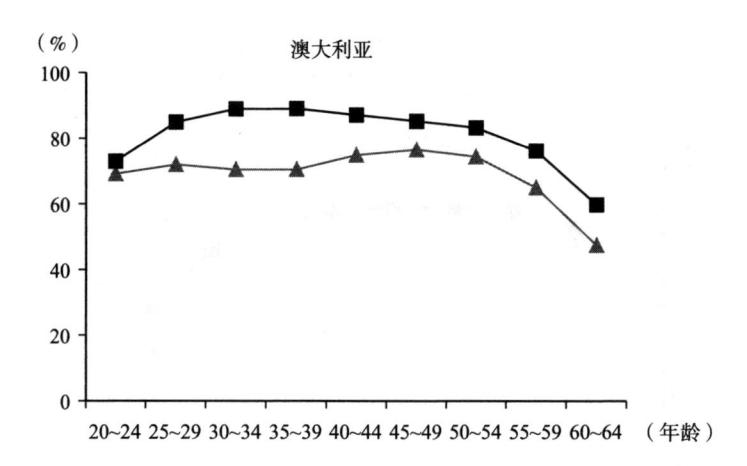

土耳其

澳大利亚

（％）　　　　　　奥地利

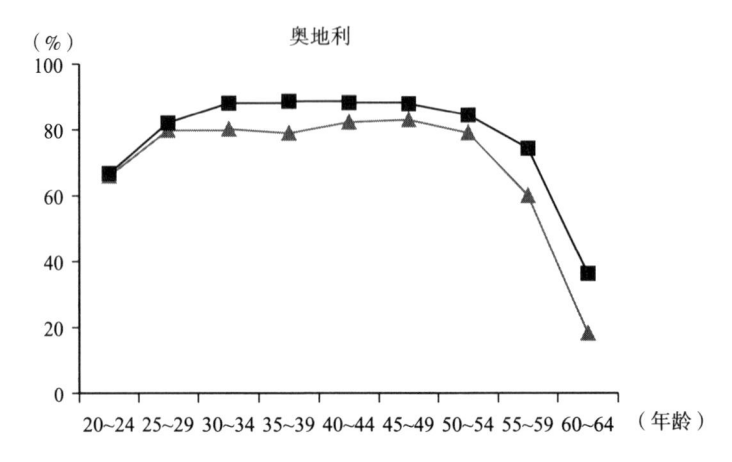

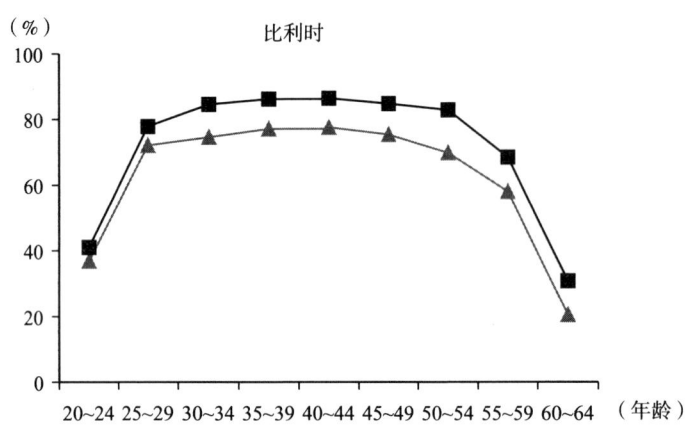

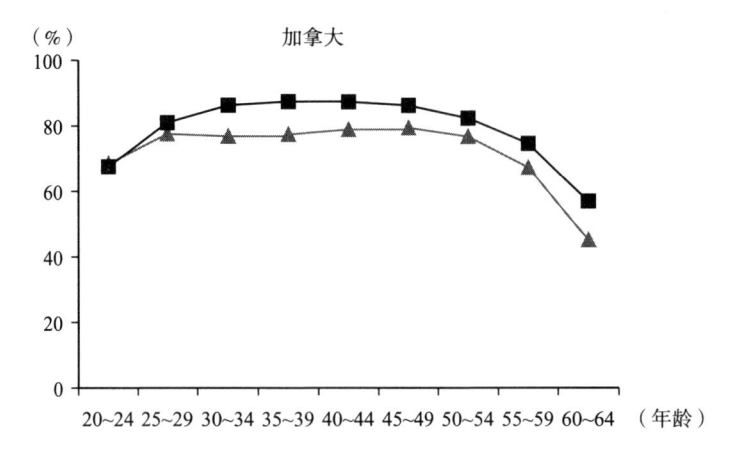

（年龄）

（％）　　　　　　比利时

（年龄）

（％）　　　　　　加拿大

（年龄）

附录二：2016年43个国家分性别分年龄组的就业率　　161

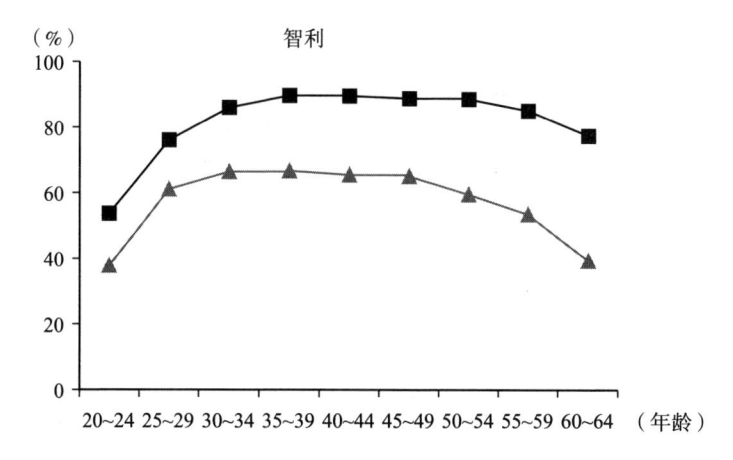

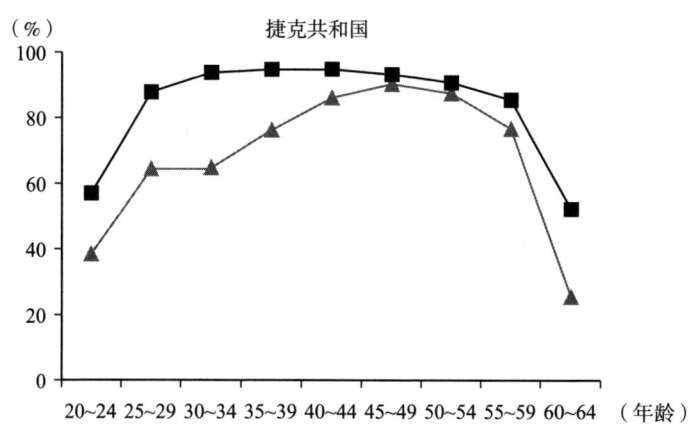

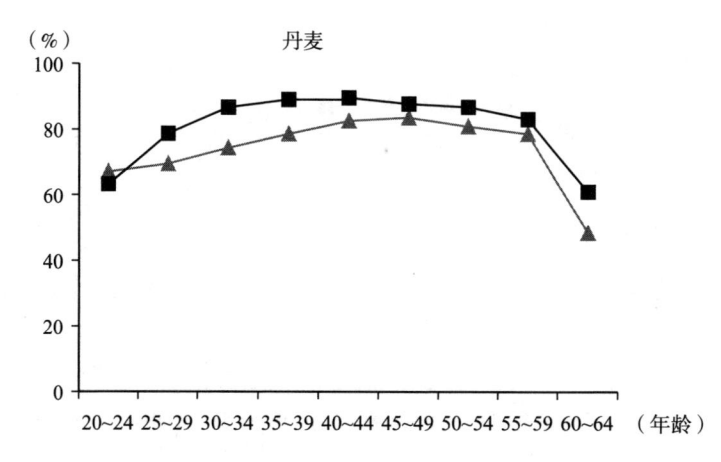

智利

捷克共和国

丹麦

（％） 爱沙尼亚

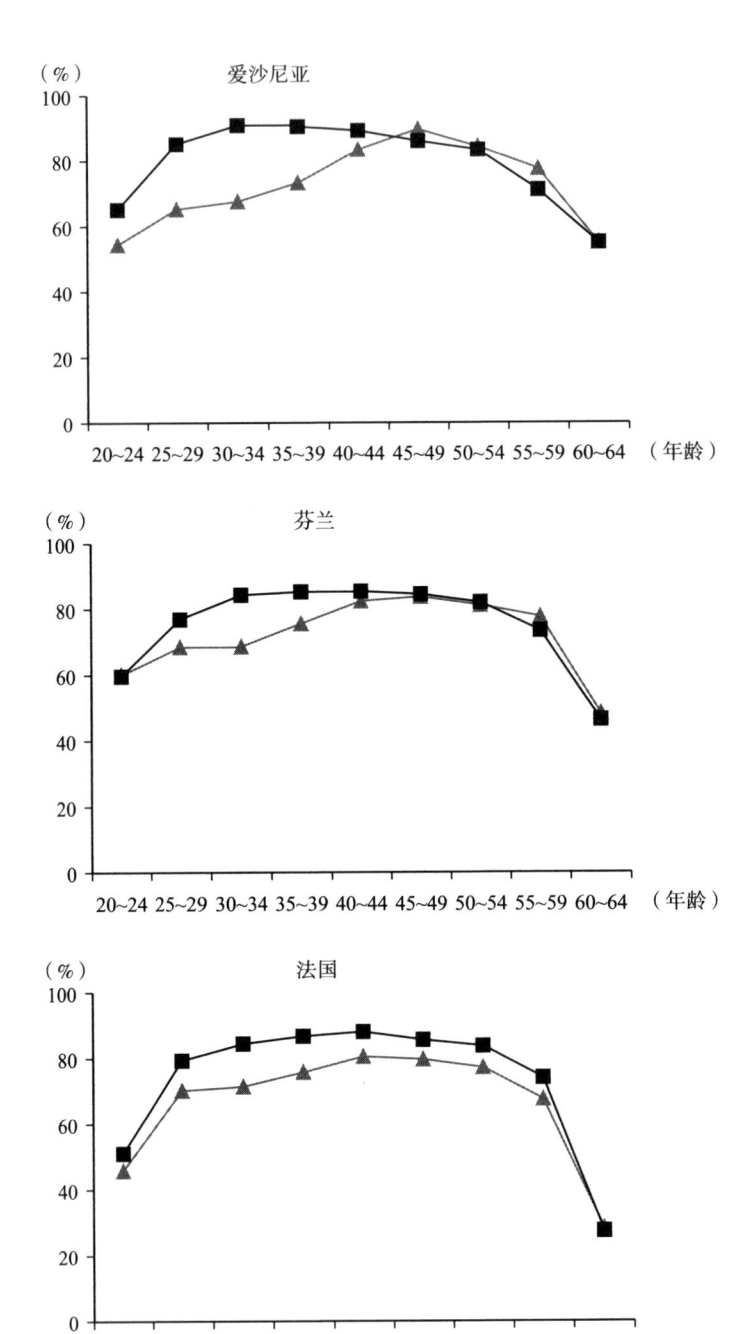

（％） 芬兰

（％） 法国

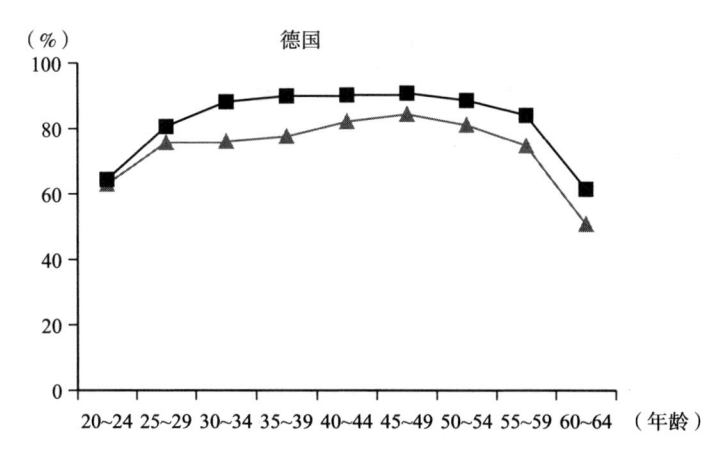

附录二：2016年43个国家分性别分年龄组的就业率

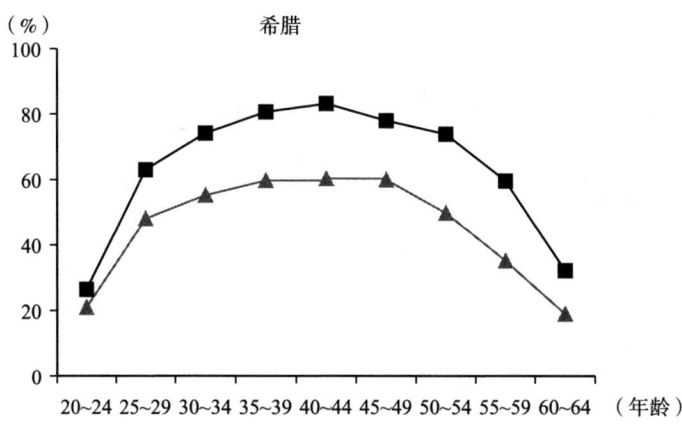

德国

希腊

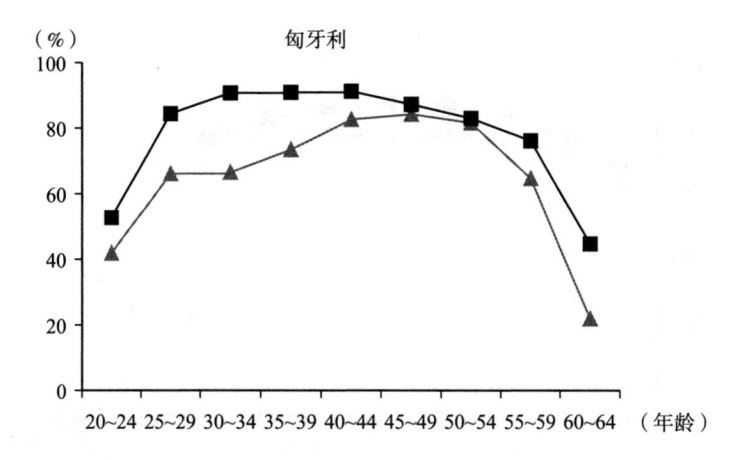

匈牙利

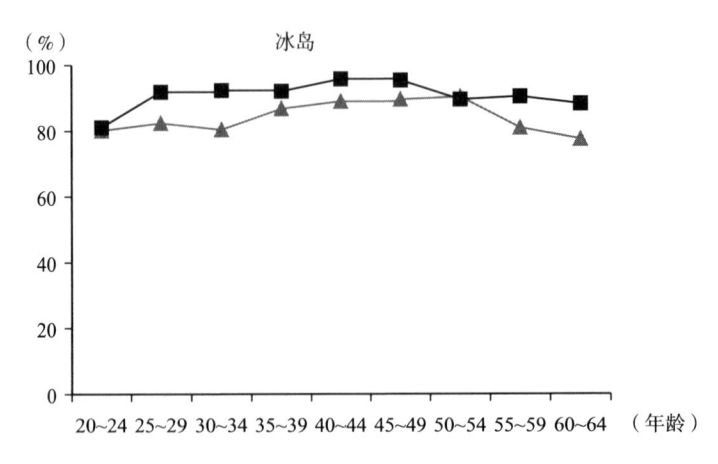

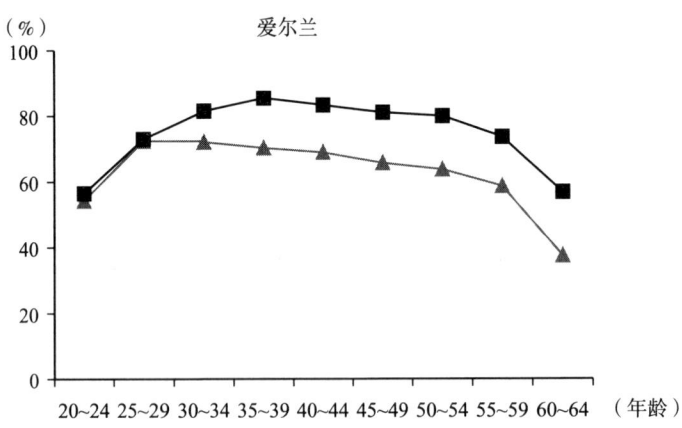

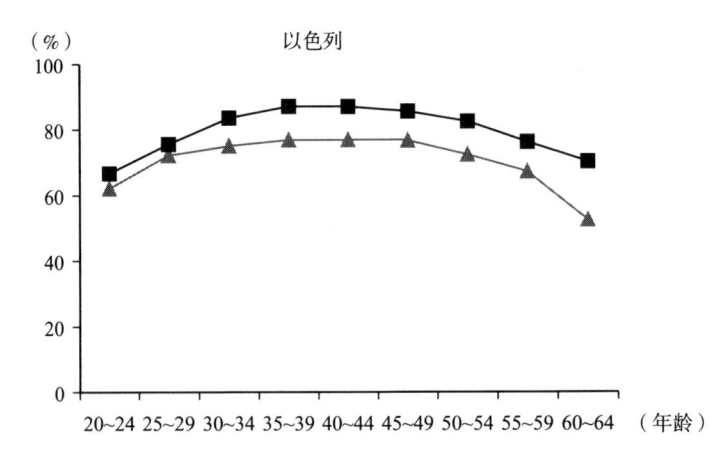

164 老龄化背景下劳动力就业的代际影响研究

冰岛

爱尔兰

以色列

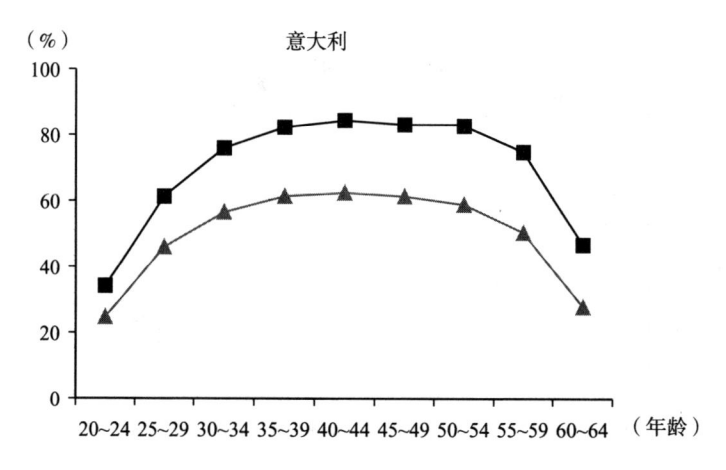

附录二：2016年43个国家分性别分年龄组的就业率

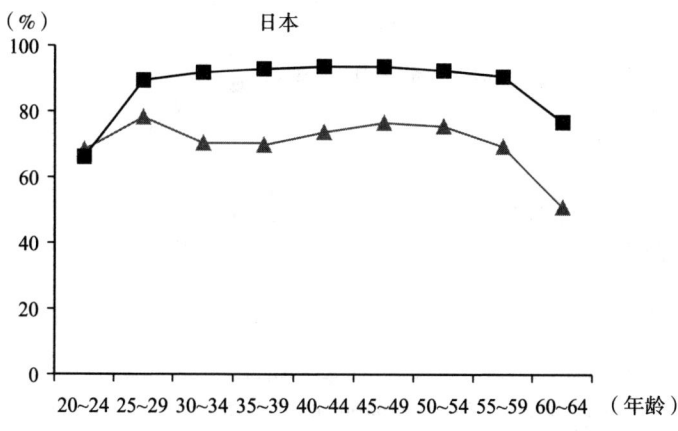

意大利

日本

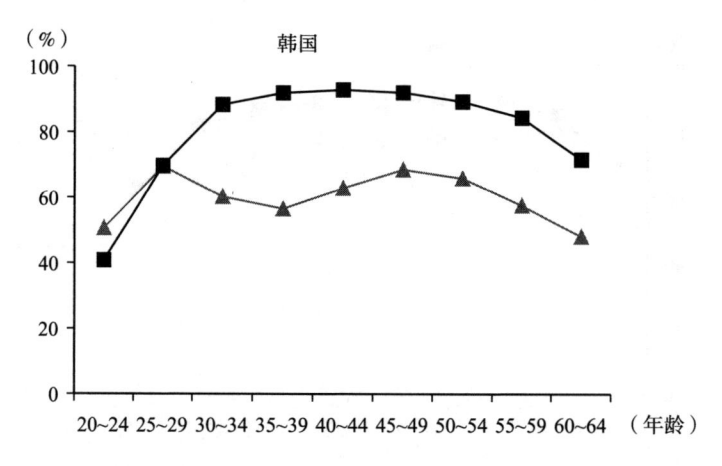

韩国

卢森堡

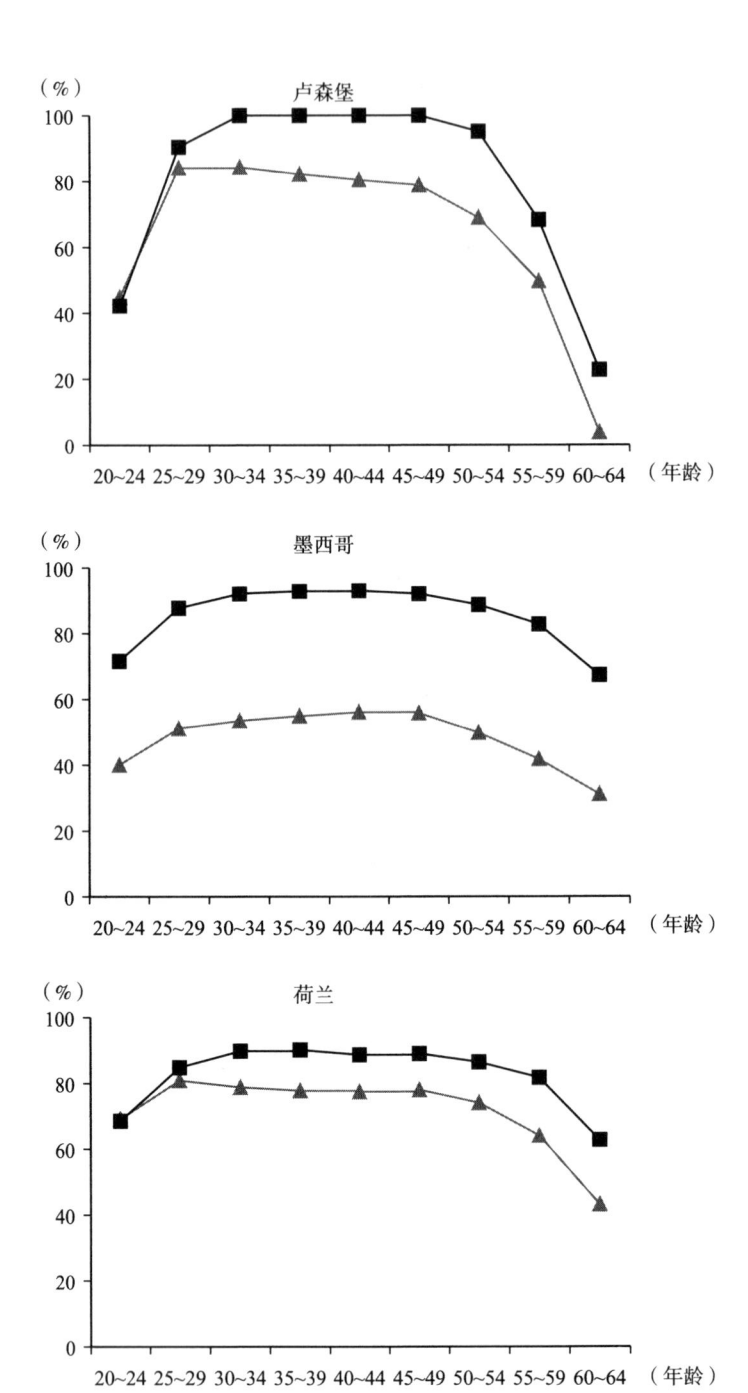

墨西哥

荷兰

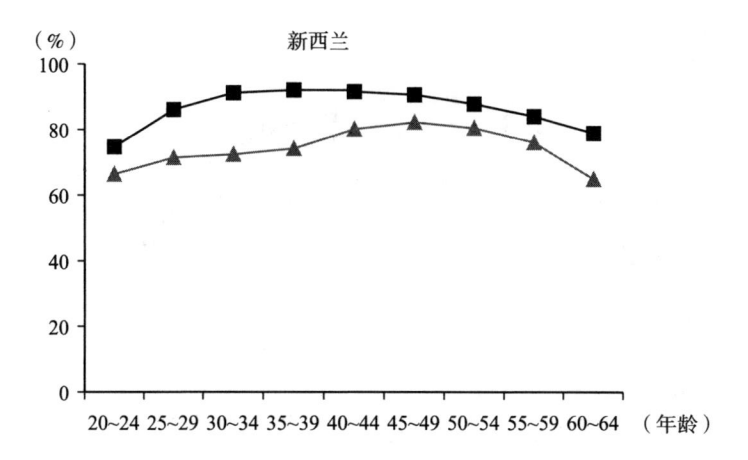

附录二：2016 年 43 个国家分性别分年龄组的就业率 · 167

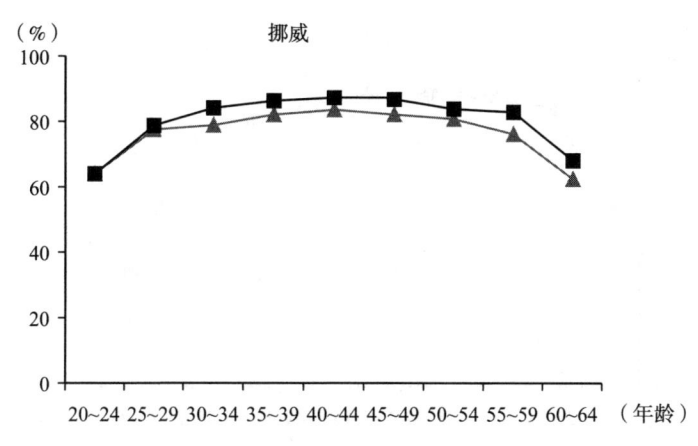

新西兰

挪威

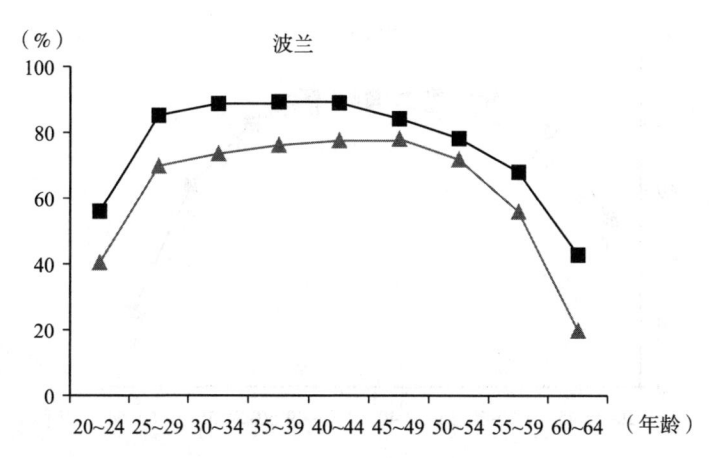

波兰

(%) 葡萄牙

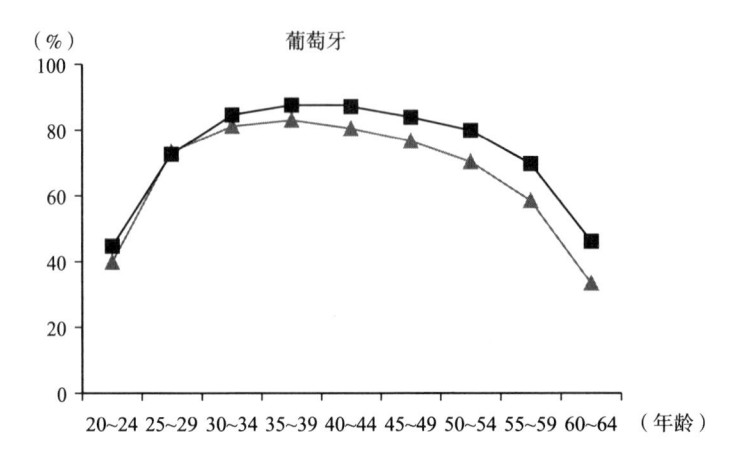

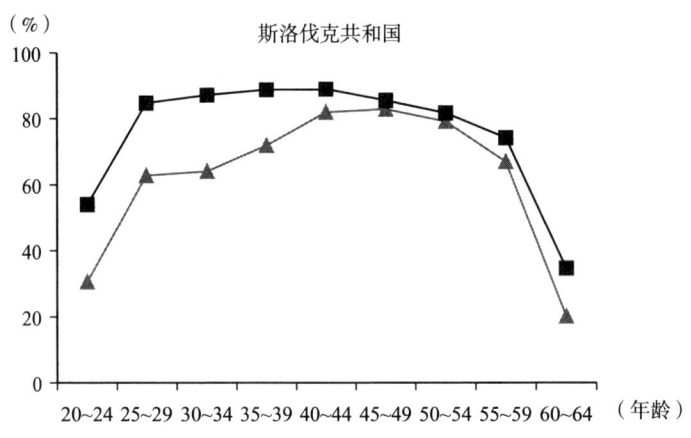

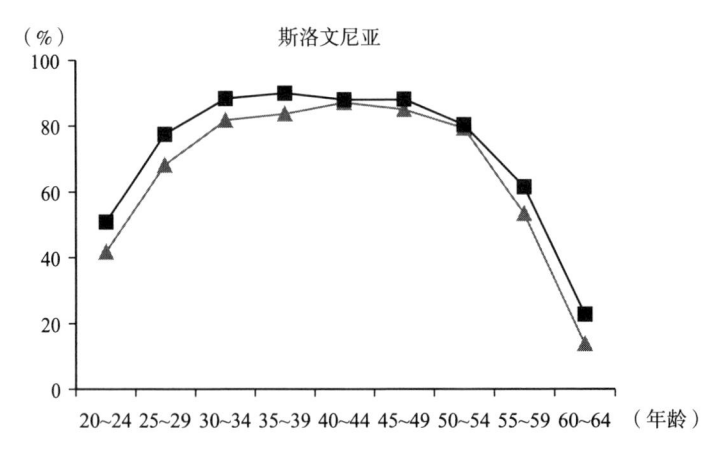

(%) 斯洛伐克共和国

(%) 斯洛文尼亚

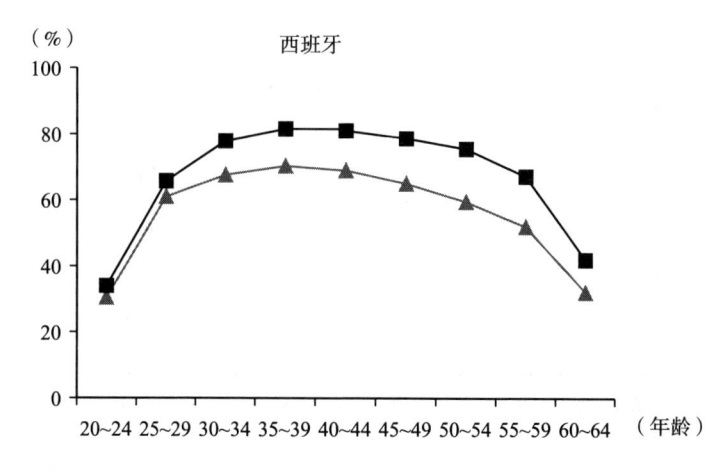

附录二：2016 年 43 个国家分性别分年龄组的就业率　169

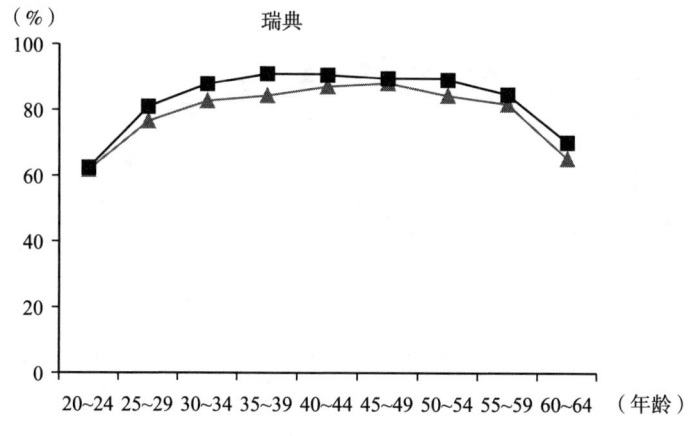

西班牙

瑞典

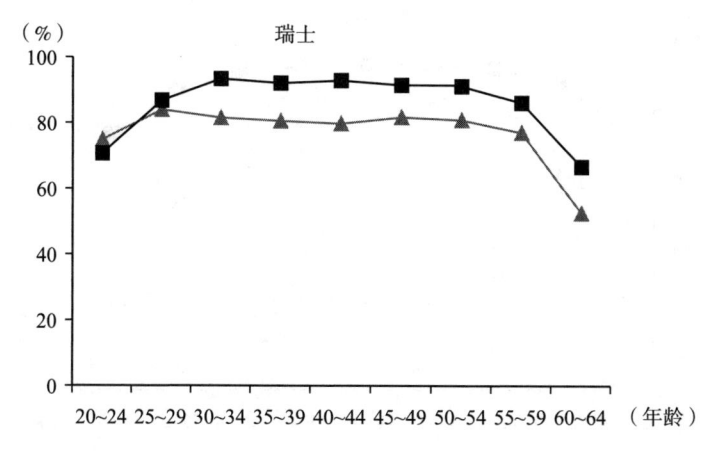

瑞士

英国

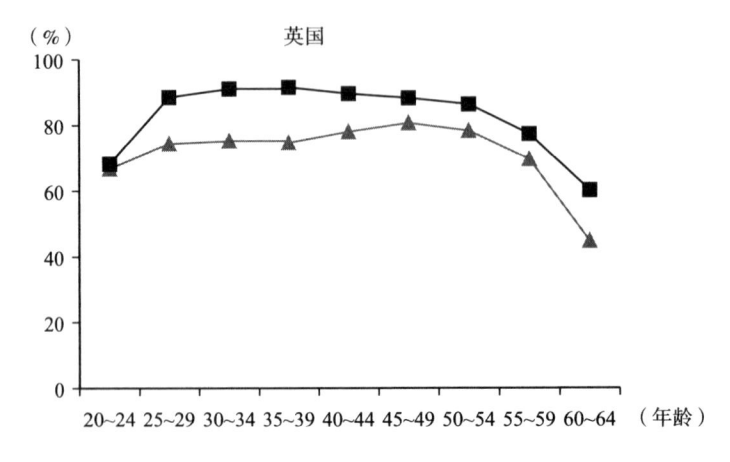

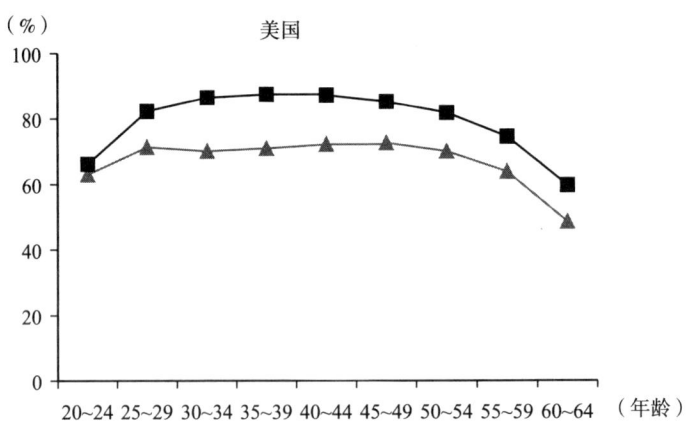

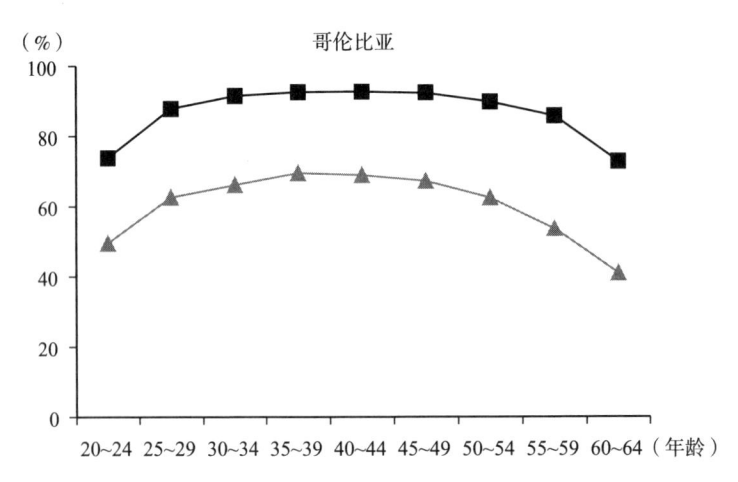

美国

哥伦比亚

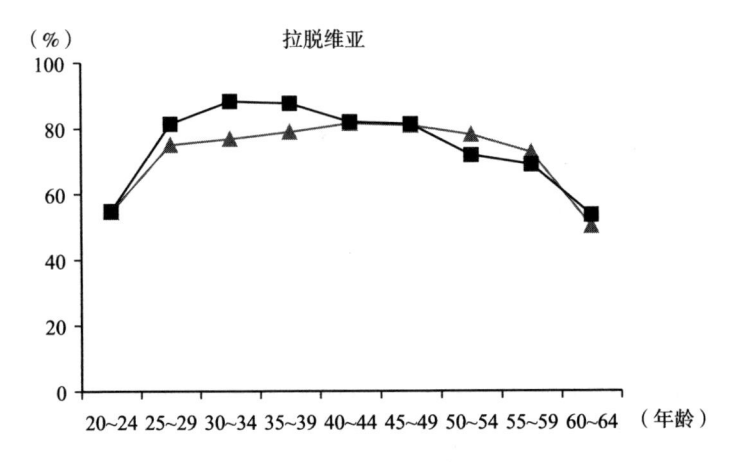

附录二：2016年43个国家分性别分年龄组的就业率　171

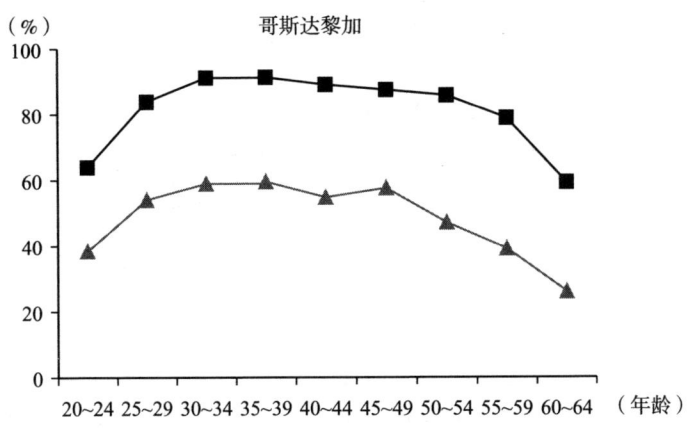

拉脱维亚

哥斯达黎加

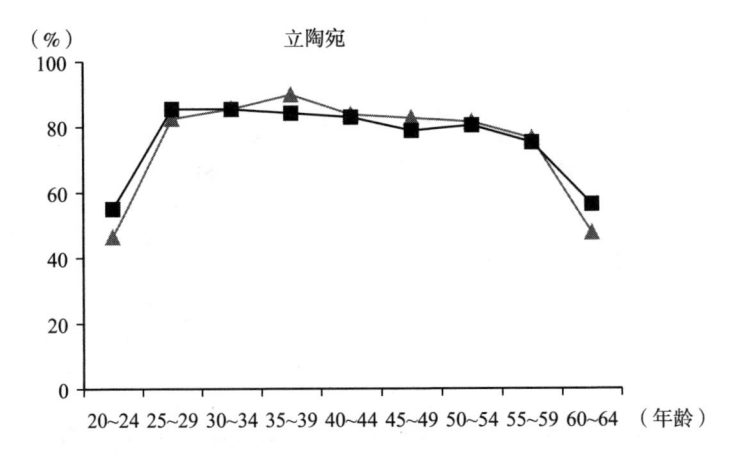

立陶宛

（%）保加利亚

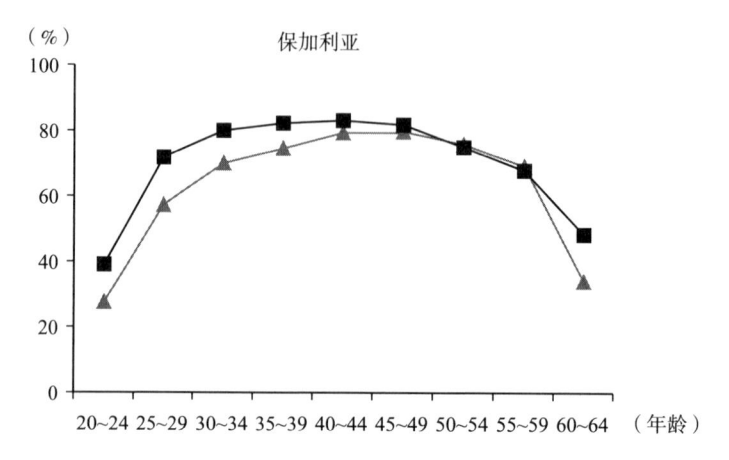

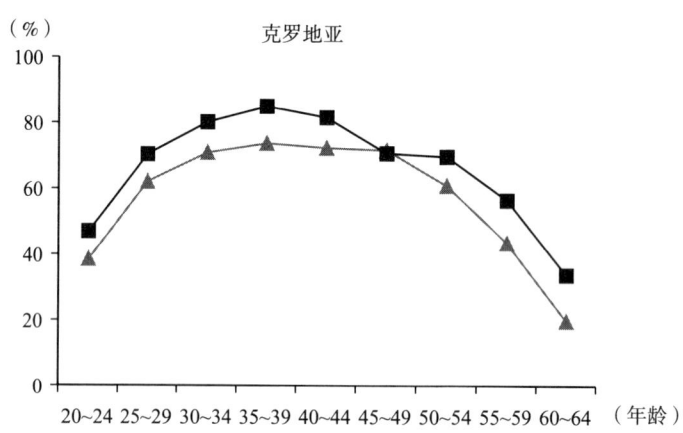

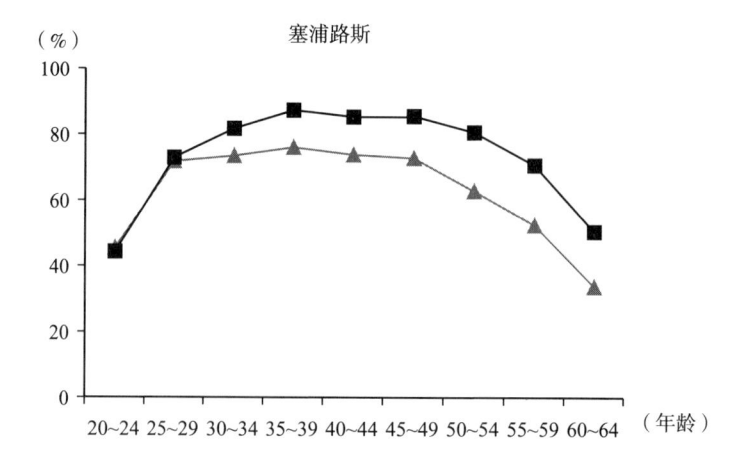

（年龄）

（%）克罗地亚

（年龄）

（%）塞浦路斯

（年龄）

附录二：2016 年 43 个国家分性别分年龄组的就业率　　**173**

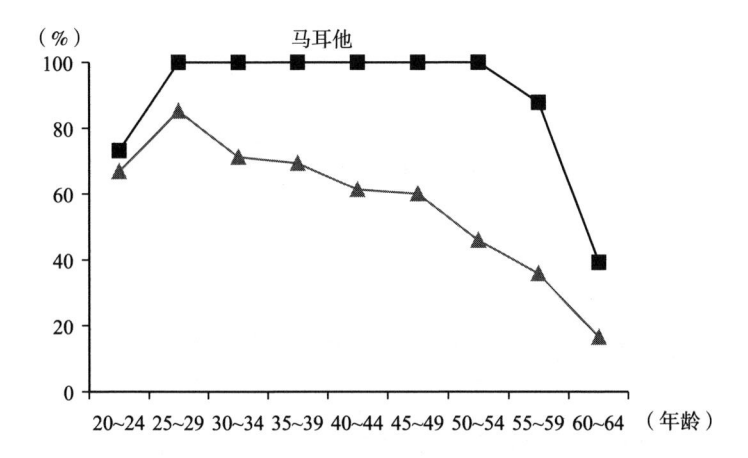

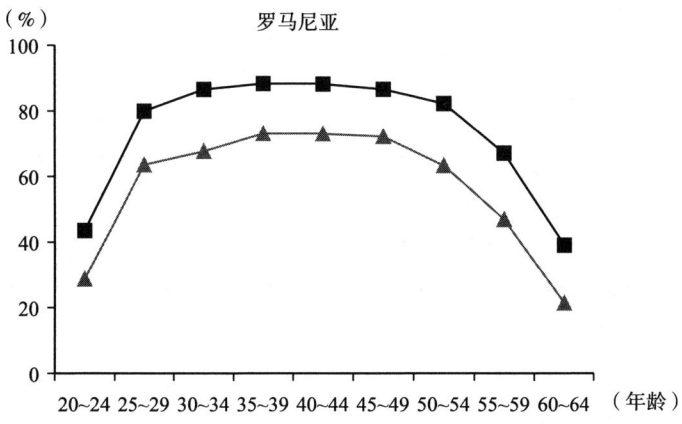

马耳他

罗马尼亚

资料来源：OECD 就业数据库。

参 考 文 献

[1] 蒲晓红. 我国失业现象的长期性和严峻性 [J]. 经济体制改革, 2001 (1).

[2] 周辉. 我国延迟退休年龄限制因素分析与建议 [J]. 学术交流, 2011 (2).

[3] 蔡昉. 中国经济增长如何转向全要素生产率驱动型 [J]. 中国社会科学, 2013 (1).

[4] 翟振武. 建设人口均衡型社会 [J]. 求是, 2013 (23).

[5] 刘文, 焦佩. 国际视野中的积极老龄化研究 [J]. 中山大学学报 (社会科学版), 2015, 55 (1).

[6] Nancy Morrow – Howell. 生产性老龄化: 理论与应用视角 [J]. 人口与发展, 2011, 17 (6).

[7] 撒凯悦, 罗润东. 人口老龄化问题的国际前沿研究解读 [J]. 东岳论丛, 2017 (3).

[8] 原新, 万能. 缓解老龄化压力, 推迟退休有效吗? [J]. 人口研究, 2006 (4).

[9] 侯东民. 国内外思潮对中国人口红利消失及老龄化危机的误导 [J]. 人口研究, 2011, 35 (3).

[10] 范琦, 冯经纶. 延迟退休对青年群体就业的挤出效应研究 [J]. 上海经济研究, 2015 (8).

[11] 张文娟. 中国老年人的劳动参与状况及影响因素研究 [J]. 人口与经济, 2010 (1).

[12] 田艳芳. 中国中老年人的健康状况对劳动参与的影响 [J]. 山西财经大学学报, 2010, 32 (3).

[13] 陆林, 兰竹虹. 我国城市老年人就业意愿的影响因素分析——

基于2010年中国城乡老年人口状况追踪调查数据 [J]. 西北人口, 2015, 36 (4).

[14] 殷俊, 杨政怡. 老年群体劳动参与及影响因素分析——基于湖北省的抽样调查数据 [J]. 武汉大学学报 (哲学社会科学版), 2015, 68 (6).

[15] 钱鑫, 姜向群. 中国城市老年人就业意愿影响因素分析 [J]. 人口学刊, 2006 (5).

[16] 牟俊霖, 宋湛. 我国中老年人劳动供给特征研究 [J]. 人口与经济, 2012 (4).

[17] 李琴, 雷晓燕, 赵耀辉. 健康对中国中老年人劳动供给的影响 [J]. 经济学 (季刊), 2014, 13 (3).

[18] 马洁, 周永华. 我国老龄人力资源退休返聘现象探析 [J]. 新疆广播电视大学学报, 2012 (2).

[19] 刘颂. 积极老龄化框架下老年社会参与的难点及对策 [J]. 南京人口管理干部学院学报, 2006 (4).

[20] 张翼, 李江英. "强关系网"与退休老年人口的再就业 [J]. 中国人口科学, 2000 (2).

[21] 刘巧蓉. 低龄健康老年人隐性就业社会成因分析——基于理性选择理论视角 [J]. 漳州师范学院学报 (哲学社会科学版), 2012, 26 (4).

[22] 姜向群, 杜鹏. 中国老年人的就业状况及其政策研究 [J]. 中州学刊, 2009 (4).

[23] 梁誉, 我国人口老龄化与老年人力资源开发 [J]. 管理学刊, 2011, 24 (2).

[24] 宋宝安, 于天琪. 城镇老年人再就业对幸福感的影响——基于吉林省老年人口的调查研究 [J]. 人口学刊, 2011 (1).

[25] 胡鞍钢, 盛欣. 技术进步对中国青年城镇就业的影响——基于18个行业的面板数据分析 [J]. 科学学研究, 2011, 29 (5).

[26] 周德禄. 技术进步、资本深化、产业升级与大学生就业——2001~2010年中国省级面板数据分析 [J]. 中国人口科学, 2012 (2).

[27] 胡鞍钢, 盛欣. 高等教育对中国青年城镇就业机会影响的实

证分析 [J]. 高等教育研究, 2010, 31 (12).

[28] 吴愈晓. 影响城镇女性就业的微观因素及其变化: 1995年与2002年比较 [J]. 社会, 2010, 30 (6).

[29] 高梦滔. 城市贫困家庭青年就业与收入的实证研究——基于西部三个城市的微观数据 [J]. 管理世界, 2006 (11).

[30] 郑洁. 家庭社会经济地位与大学生就业——一个社会资本的视角 [J]. 北京师范大学学报 (社会科学版), 2004 (3).

[31] 谭远发. 父母政治资本如何影响子女工资溢价: "拼爹"还是"拼搏"? [J]. 管理世界, 2015 (3).

[32] 蔡昉, 王美艳. 中国城镇劳动参与率的变化及其政策含义 [J]. 中国社会科学, 2004 (4).

[33] 杨慧, 吕云婷, 任兰兰. 二孩对城镇青年平衡工作家庭的影响——基于中国妇女社会地位调查数据的实证分析 [J]. 人口与经济, 2016 (2).

[34] 刘钧. 我国社会保障制度改革的两难困境和选择 [J]. 财经问题研究, 2005 (1).

[35] 张雄. 退休年龄对劳动参与率的影响 [J]. 西北人口, 2009, 30 (6).

[36] 刘红运. 关于延迟劳动者退休年龄的思考 [J]. 开发研究, 2014 (3).

[37] 左学金. 面临人口老龄化的中国养老保障: 挑战与政策选择 [J]. 中国人口科学, 2001 (3).

[38] 童玉芬, 杨河清. 提高退休年龄不会加剧我国的就业压力 [J]. 人口与发展, 2011, 17 (4).

[39] 苏春红, 张钰, 李松. 延迟退休年龄对中国失业率的影响: 理论与验证 [J]. 山东大学学报 (哲学社会科学版), 2015 (1).

[40] 姚东旻. 产业结构升级背景下延迟退休与失业率的关系 [J]. 中国工业经济, 2016 (1).

[41] 罗元文. 养老保险制度中关于退休年龄的探讨 [J]. 市场与人口分析, 2001 (6).

[42] 林熙. 发达国家弹性退休的机制分析与经验借鉴 [J]. 经济

社会体制比较, 2013 (2).

[43] 张川川, 赵耀辉. 老年人就业和青年就业的关系: 来自中国的经验证据 [J]. 世界经济, 2014 (5).

[44] 张志远, 张铭洪. 老年劳动力增加会影响青年的就业率吗?——延迟退休对劳动力市场影响的一个考察角度 [J]. 经济科学, 2016 (3).

[45] 刘妮娜, 刘诚. 延迟退休对青年人就业的影响分析——基于我国 29 个省份、18 个行业的数据分析 [J]. 南方人口, 2014, 29 (2).

[46] 于小雨, 孙英隽. 延迟退休政策对我国劳动力就业的影响研究 [J]. 上海理工大学学报, 2016, 38 (4).

[47] 郑功成. 对延迟退休年龄的基本认识 [N]. 光明日报, 2012-09-12.

[48] 刘阳, 彭雪梅, 王东明. 延迟退休年龄对青年就业的影响——基于挤出和产出效应的比较研究 [J]. 保险研究, 2017 (2).

[49] 岳立, 刘苑秋. 性别平等视域下中国延迟退休对青年人就业影响分析 [J]. 石家庄经济学院学报, 2016, 39 (2).

[50] 阳义南, 谢予昭. 推迟退休年龄对青年失业率的影响——来自 OECD 国家的经验证据 [J]. 中国人口科学, 2014 (4).

[51] 龚海娟, 陈进. 延迟退休会减少年轻人就业吗?——以老年人是否参加养老保险为考察角度 [J]. 中国人力资源开发, 2017 (6).

[52] 王跃生. 中国城乡家庭结构变动分析——基于 2010 年人口普查数据 [J]. 中国社会科学, 2013 (12).

[53] 孙鹃娟, 张航空. 中国老年人照顾孙子女的状况及影响因素分析 [J]. 人口与经济, 2013 (4).

[54] 卢洪友, 余锦亮, 杜亦譞. 老年父母照料家庭与成年子女劳动供给——基于 CFPS 微观数据的分析 [J]. 财经研究, 2017, 43 (12).

[55] 沈可, 章元, 鄢萍. 中国女性劳动参与率下降的新解释: 家庭结构变迁的视角 [J]. 人口研究, 2012, 36 (5).

[56] 杜凤莲. 家庭结构、儿童看护与女性劳动参与: 来自中国非农村的证据 [J]. 世界经济文汇, 2008 (2).

[57] 马焱, 李龙. 照料老年父母对城镇已婚中青年女性就业的影响 [J]. 人口与经济, 2014 (2).

[58] 陈璐, 范红丽, 赵娜, 褚兰兰. 家庭老年照料对女性劳动就业的影响研究 [J]. 经济研究, 2016, 51 (3).

[59] 刘柏惠. 我国家庭中子女照料老人的机会成本——基于家庭动态调查数据的分析 [J]. 人口学刊, 2014, 36 (5).

[60] 陈敏. 家庭财富转移对下一代劳动收入的影响机制研究 [D]. 浙江大学, 2015.

[61] 燕彬, 聂正彦. 农村已婚女性劳动力转移就业的影响因素分析——基于甘肃12村农户调查数据 [J]. 经济统计学 (季刊), 2016 (2).

[62] 于丽, 马丽媛, 尹训东, Belton Fleisher. 养老还是"啃老"?——基于中国城市老年人的再就业研究 [J]. 劳动经济研究, 2016, 4 (5).

[63] 李梦竹. 代际经济支持对农村老年人劳动参与的影响——基于CHARLS2013的实证研究 [J]. 调研世界, 2018 (4).

[64] 袁志刚, 宋铮. 人口年龄结构、养老保险制度与最优储蓄率 [J]. 经济研究, 2000 (11).

[65] 王金营, 付秀彬. 考虑人口年龄结构变动的中国消费函数计量分析——兼论中国人口老龄化对消费的影响 [J]. 人口研究, 2006 (1).

[66] 刘永平, 陆铭. 放松计划生育政策将如何影响经济增长——基于家庭养老视角的理论分析 [J]. 经济学 (季刊), 2008 (4).

[67] 刘穷志, 何奇. 人口老龄化、经济增长与财政政策 [J]. 经济学 (季刊), 2012 (1).

[68] 曾毅, 陈华帅, 王正联. 21世纪上半叶老年家庭照料需求成本变动趋势分析 [J]. 经济研究, 2012 (10).

[69] 穆光宗. 我国机构养老发展的困境与对策 [J]. 华中师范大学学报 (人文社会科学版), 2012 (2).

[70] 杜鹏, 翟振武, 陈卫. 中国人口老龄化百年发展趋势 [J]. 人口研究, 2005 (6).

[71] 原新. 中国人口问题的承上与启下——"六普"数据的人口学意义透视 [J]. 探索与争鸣, 2012 (5).

[72] 张晓娣, 石磊. OLG 框架下的中国养老保险与公共债务可持续性研究 [J]. 南开经济研究, 2014 (2).

[73] 李时宇, 冯俊新. 城乡居民社会养老保险制度的经济效应——基于多阶段世代交叠模型的模拟分析 [J]. 经济评论, 2014 (3).

[74] 陈凯, 段誉. 不同养老保障机制与家庭储蓄率——基于世代交叠模型的实证研究 [J]. 技术经济与管理研究, 2014 (6).

[75] 柳清瑞, 孙宇. 人口老龄化、老年就业与年龄管理——欧盟国家的经验与启示 [J]. 经济体制改革, 2018 (1).

[76] 简永军, 周继忠. 人口老龄化、推迟退休年龄对资本流动的影响 [J]. 国际金融研究, 2011 (2).

[77] 马树才, 宋琪, 付云鹏. 中国人口年龄结构变动对居民内生储蓄的影响研究 [J]. 中国人口科学, 2015 (6).

[78] 康传坤, 楚天舒. 人口老龄化与最优养老金缴费率 [J]. 世界经济, 2014, 37 (4).

[79] 曾燕, 郭延峰, 张玲. 基于长寿风险与 OLG 模型的延迟退休决策 [J]. 金融经济学研究, 2013, 28 (4).

[80] 樊长科, 林国彬. 延迟退休有利于提高养老金支出和经济增长水平吗？——一个基于世代交叠模型的思考 [J]. 经济体制改革, 2015 (1).

[81] 黄少安, 孙涛. 非正规制度、消费模式和代际交叠模型——东方文化信念中居民消费特征的理论分析 [J]. 经济研究, 2005 (4).

[82] 芦东. 人口结构、经济增长与中国居民储蓄率：基于迭代模型（OLG）和省级面板数据的实证研究 [J]. 上海金融, 2011 (1).

[83] 王根蓓, 许淑君. 异质性风险偏好、市场摩擦与自贸区金融创新的消费和投资效应——基于 Diamond 世代交叠模型的理论分析 [J]. 财经研究, 2015, 41 (12).

[84] 赵昕东, 王昊, 刘婷. 人口老龄化、养老保险与居民储蓄率 [J]. 中国软科学, 2017 (8).

[85] 王询, 孟望生. 人力资本投资与物质资本回报率关系研究——

基于世代交叠模型的视角［J］．当代财经，2013（7）．

［86］赵静．养老保险对家庭教育支出的影响——基于世代交叠模型的分析［J］．中国经济问题，2014（4）．

［87］杨继波，吴柏钧．公共教育支出对家庭代际投资决策的影响——基于世代交叠模型的分析［J］．经济管理，2015，37（12）．

［88］刘建国，孙勤英．人口老龄化、生育率与人力资本投资——基于世代交叠模型及中国省级面板数据的经验分析［J］．西北人口，2018，39（4）．

［89］赵楠，洪兴建．世代交叠模型对中国政府调控消费职能的实证研究［J］．数量经济技术经济研究，2004（9）．

［90］张延．中国经济是动态无效率的吗？——世代交叠模型对1994～2008年中国数据的实证检验［J］．中央财经大学学报，2010（1）．

［91］肖欣荣，廖朴．政府最优污染治理投入研究［J］．世界经济，2014，37（1）．

［92］陈工，邓逸群．我国环境税的政策效应研究——基于个体异质性OLG模型［J］．当代财经，2015（8）．

［93］张晓娣，刘学悦．征收碳税和发展可再生能源研究——基于OLG-CGE模型的增长及福利效应分析［J］．中国工业经济，2015（3）．

［94］张世伟，罗胤，王宇星．通货膨胀经济中均衡选择问题研究［J］．世界经济，2004（10）．

［95］吴信如，王静，王文婷．中国人口政策的经济效应：OLG模型和Panel数据分析［J］．华东师范大学学报（哲学社会科学版），2015，47（4）．

［96］孙涛，郑晓亚，张翔．居民预期、微观决策与房地产调控——基于OLG模型的局部均衡分析［J］．现代财经（天津财经大学学报），2016，36（1）．

［97］戴维·罗默著，吴化斌、龚关译．高级宏观经济学（第四版）［M］．上海：上海财经大学出版社，2014．

［98］于林月，张力．青老年就业协同发展的欧盟经验与中国路径

[J]. 新视野, 2017 (5).

[99] 于刃刚. 配第－克拉克定理评述 [J]. 经济学动态, 1996 (8).

[100] 乔标, 方创琳. 城市化与生态环境协调发展的动态耦合模型及其在干旱区的应用 [J]. 生态学报, 2005 (11).

[101] 李宏彬, 施新政, 吴斌珍. 中国居民退休前后的消费行为研究 [J]. 经济学 (季刊), 2015, 14 (1).

[102] 刘洪银. 人口抚养比对经济增长的影响分析 [J]. 人口与经济, 2008 (1).

[103] 杨馥, 郑丽. 延迟退休、家庭代际转移与青年就业 [J]. 西安财经学院学报, 2017 (4).

[104] 李银河. 家庭结构与家庭关系的变迁——基于兰州的调查分析 [J]. 甘肃社会科学, 2011 (1).

[105] 伍海霞. 啃老还是养老? 亲子同居家庭中的代际支持研究 [J]. 社会科学, 2015 (11).

[106] 田青, 郭汝元, 高铁梅. 中国家庭代际财富转移的现状与影响因素——基于 CHARLS 数据的实证研究 [J]. 吉林大学社会科学学报, 2016, 56 (4).

[107] 马焱, 李龙. 照料老年父母对城镇已婚中青年女性就业的影响 [J]. 人口与经济, 2014 (2).

[108] 沈可, 章元, 鄢萍. 中国女性劳动参与率下降的新解释: 家庭结构变迁的视角 [J]. 人口研究, 2012, 36 (5).

[109] 马宇, 安晓庆. 汇率变动、收入差距与经济增长——基于不同经济发展阶段的实证研究 [J]. 经济学家, 2018 (9).

[110] United Nations. World Population Ageing: The 2015 Revision [R]. New York, 2015.

[111] Borge L E, Rattsø, Jørn. Young and Old Competing for Public Welfare Services [J]. Social Science Electronic Publishing, 2008 (2).

[112] Figlio D N, Fletcher D. Suburbanization, Demographic Change and The Consequences for School Finance [J]. Journal of Public Economics, 2012, 96 (11 - 12).

[113] United Nations. World Population Prospects: The 2017 Revision [R]. New York, 2017.

[114] James E, Ferrier G, Smalhout J, et al. Mutual Funds and Institutional Investments: What is The Most Efficient Way to Set Up Individual Accounts in ASocial Security System [J]. NBER Working Papers, 1999.

[115] Freeman R. Work – Sharing to Full Employment: Serious Option or Populist Fallacy? Generating Jobs: How to Increase Demand for Less – Skilled Workers [M]. 1998. New York: Russell Sage Foundation Press.

[116] Hamermesh D S, Oster S M. Aging and Productivity among Economists [J]. Review of Economics & Statistics, 1998, 80 (1).

[117] Dwyer D S, Mitchell O S. Health Problems as Determinants of Retirement: Are Self – Rated Measures Endogenous [J]. Journal of Health Economics, 1999, 18 (2).

[118] Adams P., Hurd M D., Mcfadden D, et al. Healthy, Wealthy, and Wise? Tests for Direct Causal Paths Between Health and Socioeconomic Status [J]. Journal of Econometrics, 2003, 112 (1).

[119] Gameren E V. Labor Force Participation of Mexican Elderly: The Importance of Health [J]. Estudios Economicos, 2008, 23 (1).

[120] Gruber J, D A Wise. Social Security Programs and Retirement around The World: Micro – Estimation [M]. NBER/Chicago University Press, 2004.

[121] Favreault M, Ratcliffe C, Toder E. Labor Force Participation of Older Workers: Prospective Changes and Potential Policy Responses [J]. National Tax Journal, 1999, 52 (3).

[122] Reddy A B. Labour Force Participation of Elderly in India: Patterns and Determinants [J]. International Journal of Social Economics, 2016, 43 (5).

[123] Wang M, Zhan Y, Liu S, et al. Antecedents of Bridge Employment: A Longitudinal Investigation [J]. Journal of Applied Psychology, 2008, 93 (4).

[124] Maestas N. Back to Work Expectations and Realizations of Work

After Retirement [J]. Journal of Human Resources, 2010, 45 (3).

[125] Schlosser F K, Zinni D, Armstrongstassen M. Seeking Resources: Predicting Retirees' Return to Their Workplace [J]. Journal of Managerial Psychology, 2012, 27 (6).

[126] Zhan Y, Wang M, Yao X. Domain Specific Effects of Commitment on Bridge Employment Decisions: The Moderating Role of Economic Stress [J]. European Journal of Work and Organizational Psychology, 2013, 22 (3).

[127] Kerr G, Armstrong – Stassen M. The Bridge to Retirement: Older Workers' Engagement in Post – Career Entrepreneurship and Wage and Salary Employment [J]. Journal of Entrepreneurship, 2011, 20 (1).

[128] Wang M. Profiling Retirees in The Retirement Transition and Adjustment Process: Examining The Longitudinal Change Patterns of Retirees' Psychological Well – Being [J]. Journal of Applied Psychology, 2007, 92 (2).

[129] Kim S, Feldman D C. Working in Retirement: The Antecedents of Bridge Employment and Its Consequences for Quality of Life in Retirement [J]. Academy of Management Journal, 2000, 43 (6).

[130] Andonova, M., Nenovski, T. Characteristics and Macroeconomic Determinants of Youth Employment in Macedonia [J]. Economic Development, 2017, 19 (3).

[131] Neumark D, Wascher W. Minimum Wages, Labor Market Institutions, and Youth Employment: A Cross – National Analysis [J]. Industrial and Labor Relations Review, 2004, 57 (2).

[132] Majchrowska A, Broniatowska P, Zbigniew Żółkiewski. Minimum Wage in Poland and Youth Employment in Regional Labor Markets [J]. Emerging Markets Finance and Trade, 2016, 52 (9).

[133] Sturn, S. Do Minimum Wages Lead to Job Losses? Evidence from OECD Countries on Low – Skilled and Youth Employment [J]. ILR Review, 2018, 71 (3).

[134] Bargain, O., Doorley, K. The Effect of Social Benefits on

Youth Employment: Combining Regression Discontinuity and A Behavioral Model [J]. Journal of Human Resources, 2017, 52 (4).

[135] Ranchhod V, Finn A. Estimating The Short Run Effects of South Africa's Employment Tax Incentive on Youth Employment Probabilities Using A Difference-in-Differences Approach [J]. South African Journal of Economics, 2016, 84 (2).

[136] Van der Lippe, Van Dijk L. Comparative Research on Women's Employment [J]. Annual Review of Sociology, 2002, 28 (1).

[137] Mussa R. Youth Wage Employment and Parental Education in Malawi [J]. Mpra Paper, 2015, 32 (4).

[138] Dalen H P V, Kène Henkens, Henderikse W., et al. Do European Employers Support Later Retirement [J]. International Journal of Manpower, 2010, 31 (7).

[139] Michello F A, Ford W F. The Unemployment Effects of Proposed Changes in Social Security's "Normal Retirement Age" [J]. Business Economics, 2006, 41 (2).

[140] Hanel B. Financial Incentives to Postpone Retirement and Further Effects on Employment — Evidence from A Natural Experiment [J]. Labour Economics, 2010, 17 (3).

[141] Wise, D. A., Introduction to "Perspectives on the Economics of Aging" in Perspectives on the Economics of Aging [M]. Chicago University of Chicago Press. 2004.

[142] Kalwij, A., Kapteyn, A., De Vos, K., Early Retirement and Employment of the Young [Z]. Rand Working Paper Series, 2009.

[143] Gruber, J., Milligan, K., Wise, D. A., Social Security Programs and Retirement around the World: The Relationship to Youth Employment [Z]. NBER Working Paper, 2009.

[144] Börschsupan A. Early Retirement and Employment of the Young in Germany [C]. NBER Chapters, in: Social Security Programs and Retirement around the World: The Relationship to Youth Employment, 2010.

[145] Card D., Lemieux T., Can Falling Supply Explain the Rising

Returns to College for Younger Men? A Cohort-based Analysis [J]. Quarterly Journal of Economics, 2001, 116 (2).

[146] Hebbink, G. E., Production Factor Substitution and Employment by Age Group [J]. Economic Modeling, 1993, 10 (3).

[147] Filip Chybalski, Edyta Marcinkiewicz, Does the Professional Activity of Older Workers Contribute to Youth Unemployment? A Cross – Section Study of European Countries [J]. Business and Econonic Horizons, 2014, 10 (4).

[148] Jousten, A., Lefèbvre, M., Perelman, S., Pestieau, P., The Effects on Early Retirement on Youth Unemployment: The Case of Belgium [Z]. IMF Working Paper, 2008.

[149] Hammermesh D. S., Grant J., Econometric studies of labor-labor substitution and their implications for policy [J]. Journal of Human Resources, 1979, 14 (4).

[150] Hammermesh, D. S., The Demand for Labor in the Long Run [Z]. NBER Working Paper, No. 1297, 1984.

[151] Boldrin, M., Dolado, J. J., Jimeno, J. F., Peracchi, F., The Future of Pension in Europe [J]. Economic Policy, 1999, 14 (29).

[152] Cox D., Motives for Private Income Transfers [J]. Journal of Political Economy, 1987, 95 (3).

[153] Laitner J., Intergenerational and Interhousehold Economic Links [C]. In: Rosenzweig MR, Stark O (eds) Handbook of Population and Family Economics. Elsevier, North – Holland, Amsterdam, 1997.

[154] Laferrere A., Intergenerational Transmission Model: ASurvey [J]. The Geneva Papers on Risk and Insurance – Issues and Practice, 1999, 24 (1).

[155] Laferrere A., Wolff FC., Microeconomic Models of Family Transfers [C]. In: Kolm SC, Mercier Ythier J (eds) Handbook on the Economics of Giving, Reciprocity and Altruism. Elsevier, North – Holland, Amsterdam, 2004.

[156] Morrissey T W. Child Care and Parent Labor Force Participation:

AReview of the Research Literature [J]. Review of Economics of the Household, 2016, 15 (1).

[157] Hill MS, Soldo BJ, Li W., Intergenerational Transfers and Labor Supply: Preliminary Evidence from the Health and Retirement Study [Z]. Mimeographed, HRS Workshop, 1993.

[158] Brilli Y, Del Boca D, Pronzato C D., Does Child Care AvailabilityPlay a Role in Maternal Employment and Children's Development? Evidence from Italy [J]. Review of Economics of the Household, 2016, 14 (1).

[159] Chen F, Mair L C A. Intergenerational Ties in Context: Grandparents Caring for Grandchildren in China [J]. Social Forces, 2011, 90 (2).

[160] Cardia E, Ng S. Intergenerational time transfers and childcare [J]. Review of Economic Dynamics, 2003 (6).

[161] Dimova R, François – Charles Wolff. Do Downward Private Transfers Enhance Maternal Labor Supply? Evidence from around Europe [J]. Journal of Population Economics, 2011, 24 (3).

[162] Ogawa N, Ermisch J F. Family Structure, Home Time Demands, and the Employment Patterns of Japanese Married Women [J]. Journal of Labor Economics, 1996, 14 (4).

[163] Sasaki M. The Causal Effect of Family Structure on Labor Force Participation among Japanese Married Women [J]. Journal of Human Resources, 2002, 37 (2).

[164] Aassve A, Arpino B, Goisis A. Grandparenting and Mothers' Labour Force Participation: A Comparative Analysis Using the Generations and Gender Survey [J]. Demographic Research, 2012, 27 (27).

[165] Van Houtven C H, Coe N B, Skira M M. The Effect of Informal Care on Work and Wages [J]. Journal of Health Economics, 2013, 32 (1).

[166] Wolf D A, Soldo B J. Married Women's Allocation of Time to Employment and Care of Elderly Parents [J]. Journal of Human Resources,

1994, 29 (4).

[167] Ettner S L. The Opportunity Costs of Elder Care [J]. Journal of Human Resources, 1996, 31 (1).

[168] Fiona Carmichael, Susan Charles. Benefit Payments, Informal Care and Female Labour Supply [J]. Applied Economics Letters, 2003, 10 (7).

[169] Van Houtven C H, Coe N B, Skira M M. The effect of informal care on work and wages [J]. Journal of Health Economics, 2013, 32 (1).

[170] Cardia E, Ng S. , Intergenerational Time Transfers and Childcare [J]. Review of Economic Dynamics, 2003, 6 (2).

[171] Dustmann C, Micklewright J. , Intrra-household transfers and the part-time work of children [Z]. CEPR Discussion Paper, 2001.

[172] Holtzeakin D. , Joulfaian D. , Rosen H S. , The Carnegie Conjecture: Some Empirical Evidence [J]. Quarterly Journal of Economics, 1993, 108 (2).

[173] Joulfaian D. , Wilhelm M O. , Inheritance and Labor Supply [J]. Journal of Human Resources, 1994, 29 (4).

[174] François Charles Wolff. Parental transfers and the labor supply of children [J]. Journal of Population Economics, 2006, 19 (4).

[175] A. J. Auerbach and L. J. Kotlikoff, Dynamic Fiscal Policy [M]. Cambridge: Cambridge University Press, 1987.

[176] Claudia Goldin, Joshua Mitchell, The New Lifecycle of Women's Employment: Disappearing Humps, Sagging Middles, Expanding Tops [J]. Journal of Economic Perspectives, 2017, 31 (1).

[177] HurdM. , Rohwedder S. The Retirement – Consumption Puzzle: Anticipated and Actual Declines in Spending at Retirement [Z]. NBER Working Paper No. 9586. 2003.

[178] HurstE. , The Retirement of a Consumption Puzzle [Z]. NBER Working Paper No. 13789. 2008.

[179] Baron R. M. , Kenny D. A. , The Moderatior – Mediator Varia-

ble Distinction in Social Psychological Research: Conceptual, Strategic, and Statistical Considerations [J]. Journal of Personality and Social Psychology, 1986, 51 (6).

[180] Kapteyn A, Vos K D, Kalwij A., Early Retirement and Employment of the Young in the Netherlands [C]. In: Social Security Programs and Retirement Around the World: The Relationship to Youth Employment, 2010.

[181] John C. Caldwell, Toward A Restatement of Demographic Transition Theory [J]. Population and Development Review 1976, 2 (3/4).

[182] Kotlikoff, L. J., Summers, L. H., The Role of Intergenerational Transfers in Aggregate Capital Accumulation [J]. Journal of Political Economy 1981, 89 (4).

[183] Gale, W. G., Scholz, J. K., Intergenerational Transfers and the Accumulation of Wealth [J]. Journal of Economic Perspectives, 1994.

[184] Laitner, J., Intergenerational and Interhousehold Economic Links [C]. In: Rosenzweig, M., Stark, O (Eds.), Handbook of Population and Family Economics. Elsevier, 1997.

[185] Wolf D, Soldo B. Married women allocation of time to employment and care of elderly parents [J]. Journal of Human Resources, 1994 (29).

[186] Ettner S., The opportunity cost of elder care [J]. Journal of Human Resources, 1996 (31).

[187] Issacson L E, Brown D. Career information, career counseling, and career development. (7th ed.) [M]. Allyn & Bacon, 2000.

[188] Holland J L. Making vocational choices: A Theory of Vocational Personalities and work environment. (3rd ed.) [M]. Odessa Florida: Psychological Assessment Resources, 1997.

[189] Van C H, Coe N B, Skira M M. The effect of informal care on work and wages [J]. Journal of Health Economics, 2013, 32 (1).